「しつけ」を科学的に分析してわかった

# 小学生の子の学力を「ほめる・叱る」で伸ばすコツ

伸学会
菊池洋匡

実務教育出版

# はじめに

「自分から中学受験したいと言い出したくせに、なんでちゃんと勉強しないの⁉」

小学生のときに、菊池が何度も母に言われた言葉です。あなたも、お子さんに同じようなことを言ったことはありませんか？


「なんで何回も片づけなさいと言っても、おもちゃを出しっぱなしにするの⁉」

「なんで朝起きるのが辛くなるとわかってるのに、早く寝ないの⁉」

「なんで自分でゲームやめると言っておいてやめないの？　約束守れないの？」

「なんで宿題の期限を守れないの？」

「なんで時間通り行動できないの？」


こんなセリフを言ったことや言われたこと、最近1ヵ月で何回あったでしょうか？　自分で書いていて、だいぶ胸が痛くなってきました…(笑)。言う側も言われる側も、心がザワザワと波立ち、険しい空気になっている情景がイメージできます。何度言っても悪い行動が直らず、ついには怒りが爆発。どこのご家庭でもありそうです。なぜ、こういったことが起こるのでしょうか？　その原因と対策について考えるのが本書のテーマです。

ちょっと考えてみましょう。何度も同じ原因で子どもを叱っているとしたら、その叱責に子どもの行動を改善させる効果は果たしてどれほどあるのでしょうか？　気づいていただけますか？　効果がないということに…。もし効果があるとしたら、何度も叱る必要はないはずです。何度も叱る羽目になっているということは、効果がないことの証なわけですね。

見方を変えれば、子どもが何度も失敗を繰り返しているのと同じように、**叱る側も子どもの行動改善に何度も失敗し続けている**と言えます。何度も同じ行動を繰り返し、同じ結果が繰り返される。ある意味、科学的ですね。結果を変えたいのであれば、行動を変える必要があります。つまり、子どもへの働きかけ方を変える必要があるのです。

あらためて、最初の例を見てみましょう。

「自分から中学受験したいと言い出したくせに、なんでちゃんと勉強しないの!?」

こういったセリフは形式としては疑問文ですが、冷静になって振り返れば、「疑問でも質問でもなく、ただの非難(または侮辱)だ」ということに気づくのではないでしょうか。子どもから明確な答えが返ってくることを期待していませんよね。もし、子どもの行動を改善したいと思うなら、私たち大人は怒りを捨てて、冷静な頭で純粋に疑問としての「なぜ」を考えてみる必要があります。

## 価値判断の基準を育てよう

- 自発的・意欲的に勉強するようになってほしい
- ゲームやテレビを我慢できるようになってほしい

あなたはそう考えているはずです。もちろん勉強に関することだけでなく、人に優しい子になってほしいでしょうし、周りを困らせるイタズラもしないでほしいでしょう。

良い行動を増やし、悪い行動を減らすためには、本人の中に「なぜ?」の答えがなければいけません。大人が子どもの悪い行動に怒って、その怒りの感情をぶつけることで無理やり子どもの行動を矯正《きょうせい》しようとしても、「怒られない程度にやればいい」という考えや、「バレないように誤魔化そう」という行動が増えるだけです。その結果が、「何度も同じことで怒ることになる」です。根本的な解決のためには、本人が自分の意志でそうしたいと思う必要があるのです。では、どうすればいいのでしょうか?

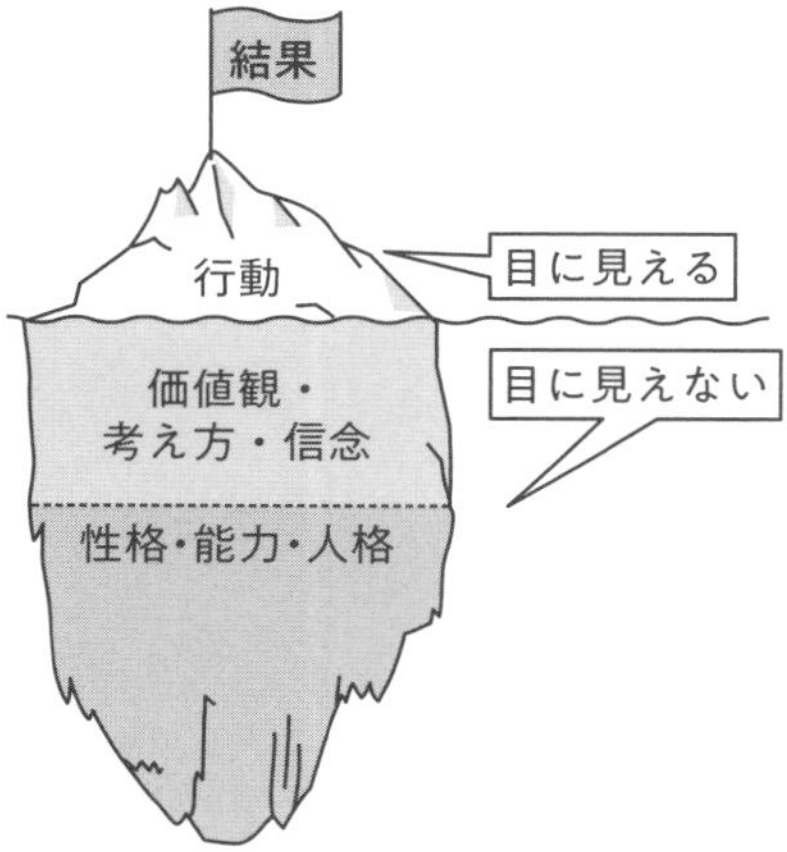
結果
行動
目に見える
目に見えない
価値観・
考え方・信念
性格・能力・人格

子どもが自らの意志で適切に行動できるようにするためには、正しい価値判断の基準を与えてあげましょう。結果は行動によって生まれます。行動は思考によって生まれます。思考はその子の性格や価値観から生まれます。目に見える結果や行動は氷山の一角で、その下には目には見えないその子の性格や価値観があります。つまり、本質的な解決のためには、子どもの性格や価値観の形成を助ける働きかけをする必要があるのです。

その価値観の形成を育てる働きかけというのが、「科学的に正しいほめ方・叱り方」です。特に、**子どもが失敗をしたときに必要な対応は、怒りの感情をぶつけることではありません。「考えさせる問い」を投げかけることです。**例えば、「なんでちゃんと勉強しないの!?」と非難するのではなく、「ちゃんと勉強できなかった理由は何だろうね?」と問いかけましょう。そうやって本人に、自己コントロールに失敗した原因を考えさせるのです。そして、自分の理想の姿を考えさせて、そちらに自分を方向づけられるように導きましょう。子ども自身の価値観形成につながらない叱り方には、長期的に見て効果はないということを理解しておいてください。

子どもの性格や考え方が変われば、行動が変わります。行動が変われば、結果が変わります。学力の伸びが早くなり、その結果成績が上がり、受験の合格も引き寄せられます。子どもに自信が生まれ、「良い行動をすると良い結果がある」という信念を持つようになり、いっそう良い行動が増えるでしょう。そんな好循環を生み出す最初のきっかけが、あなたの行う「科学的に正しいほめ方・叱り方」です。

ちなみに、ピッツバーグ大学教育・心理学部のワン・ミンテ准教授が13歳の子どもを対象に行った調査によれば、「母親や父親から怒鳴りつけられるしつけを継続的に1年間受けた場合、問題行動を起こす確率が増加し、また子どもがうつ病の症状を示す確率も増加していた」そうです。もちろん、他の年齢なら怒鳴りつけるしつけが大丈夫ということではありません。行動が改善されるどころか悪化し、その上、心の健康状態にまで悪影響が及びかねないのは恐ろしいことですね。良いしつけをした場合と悪いしつけをした場合の差は、とても大きなものです。そのことが想像できたら、本書で良いしつけのやり方を学んでください。

実際に私が行った保護者セミナーで、「科学的に正しいほめ方・叱り方」を学んで実践するようになった方から、次のような感想をいただきました。

受講前は、勉強に取りかかるのが遅い息子に毎日イライラし、大きな声で叱ることもしばしば。せっかく子どもが勉強を始めてもやることすべてが気になり、いつも監視しているような状態でした。親子関係も悪くなり、「このままでは受験どころか親子関係に大きなヒビが入ってしまう」という危機感さえ感じて、受講することを決めました。自分でもアンガーログを書いて行動（怒らないこと）を意識すること、それが実践できたかどうかの振り返りをすることで、客観的に自分の行動や考え方を変えることができたと思います。サポートしてくれる先生や仲間からのアドバイスも心強い存在でした。

怒ることが減ると、子どもも変わりました。自分からほめてほしいことを報告してきたり、学校や塾での出来事を楽しそうに話してくれたり、親子関係も大きく改善することができたと思います。習ったテクニックを使って子ども自身に自分の行動を冷静に振り返らせることで、苦手なことや翌日の行動計画が明確になって、自分の勉強に関する「傾向と対策」がつかめてきたようです。

最近は、勉強時間を増やすことでテストの点数が上がり、やる気も出てきました。受講したことで、イライラすることやストレスが減った（まだありますけど）のは大きな収穫でした。そして、子どもをほめていたほうが、自分がラクだと身をもって体感しました。

本書は、『「やる気」を科学的に分析してわかった小学生の子が勉強にハマる方法』『「記憶」を科学的に分析してわかった小学生の子の成績に最短で直結する勉強法』に続く、シリーズ第3弾という位置づけです。第1弾・第2弾と一部重複する内容については、そちらの関連する部分にも言及しています。子どもを勉強好きにするために知っておいたほうがいいこと、効率よく勉強して成績を上げるために知っておいたほうがいいことが、「ほめ方・叱り方」という角度から見ると、こんな意義を持つのかと新鮮に感じていただけるのではないかと思います。良いしつけの方法を学ぶことは、子どもを勉強好きにし、成績を上げることにもそのままつながるのです。

ぜひ本書で、行動改善に効果的かつ親子関係もよくなる、一石三鳥・四鳥得られる、しつけを実践していただきたいと思います。

伸学会代表　菊池　洋匡

二千××年 東京ー
先生!!
××先生!
パシャ
パシャ
パシャ
先生の指導法でなぜあれほど子どもたちは伸びるのでしょうか
そうですねみなさんにお伝えしたいのは…
おつかれさまでしたー
お世話になりました
今日もたくさんの悩みを聞いたなあ
コツコツ
どの親御さんもわが子のために精一杯だ
しかし…
グッ
もっともっと伝えたい!
子どもたちを正しくほめて叱るコツがもっと広がればー
キキキーッ
ドンッ
ぼやーん
なんだ…騒がしいな…

自分から中学受験したいと言い出したくせに
うわあああ
どうしてちゃんと勉強しないんだよ!?
ギャース
ん…?
うるさいなぁ…
お前ってやつは!!
ひええぇ~
ボヤ~
なんか動けない…
親子ゲンカかな?
翔太に勉強させる方法はなんかないのか…
ハローティーチャー
ピコ
はい、ご用事は何でしょう
ええぇ!?
って人間じゃなくなってる!!?
じゃーん
俺…スマートスピーカーじゃないか!?
ん?バグったか?
なんでやらないの?!
もうヤダ!!
コラ翔太!!
え…
もしかして転生したということか…
スマートスピーカーとは、またなんで…
うわああん
パパのバカー
僕だって勉強したいと思いたいよ!
そうだ…私の使命は悩める親子を救うこと
子どもへの働きかけを変えるんだ

お父さん
お母さん
しゃべったー
お!?
え!?
翔太くんに
同じ原因で
叱ったのは
何度目ですか
え？
そう言われると…
何度目なのかしら
ふぇ？
なんでお前は
その叱り方は
効果がない、と
いうことです
改善してない
ということは
[Inside SHOTA]
解析結果
怒られない
程度に
やればいいか
バレない
ように
誤魔化そう
Warning
うつ病の可能性：
上昇
ウツ!?
えええっ
うわああん
翔太〜
？
翔太ぁ！
ウツになっちゃ
ダメだ！
ティーチャー
どうすれば
いいん
ですか!?
お任せあれ
これから子どもの
伸びるほめ方・叱り方を
一緒に学びましょう！

# 第1章 子どもの「自己客観視する力」をサポートしよう

# 第2章　理性的な行動を取れる子になるコミュニケーション法

# 第3章 学力アップにつながる子どものやる気

# 第4章 学力アップにつながる子どものマインドセット

## 第5章 子どもを伸ばす親のマインドセット

## 第6章

# 「1on1トーク」で子どもの行動を振り返る

装丁デザイン：西垂水敦・市川さつき（krran）
装丁イラスト：川添むつみ
本文デザイン：佐藤純（アスラン編集スタジオ）
本文イラスト：吉村堂（アスラン編集スタジオ）

# 第1章

# 子どもの「自己客観視する力」をサポートしよう

おい翔太
怒っても仕方ない 怒っても…
イラ イラ
ボヘ〜
バキッ
翔太ああ!!
ギャッ
何ボーッとしてるんだ!!
うわあああん
……。
その夜ー
やっぱり怒ってしまった…
どよ〜ん
まあまあ…
でも翔太は本当にどうしたらやる気が出るのか…
フゥ
怒らないようにしたいんだよ!
だけど翔太のあの様子を見てると…
イライラするんだ〜
どうしたらいいんだ〜
教えてくれよ!
ピコーン!
教えましょう!
ギャッ
びっくりした

翔太くんを分析してみたところ
ピカー
集中力；25%
脳活動量；30%
エネルギー；85%
ボヘ〜
翔太くんにまず必要なのは…
自己客観視する力です！
そうです
翔太くんは自分が集中して勉強できていないことに気づいておらず
自己客観視…？
えっやる気がないんじゃないの…？
自分に対してちゃんと勉強しようという指示を出せていないのです
えーっ
それがやる気が実際の行動につながっていない原因と判明しました
すまん翔太…お前にやる気がないのかとばかり
そうだったの…
不思議だったのよ
受験はしたいっていうのにやる気がなく見えてたから…
そういうことだったのね…
ぐぐぐ…
これからはパパもママもティーチャーに教わってがんばるよ！
ティーチャー！このやり方でいいかな！
ピコ
ティーチャー！
ティーチャー！
聞きまくりねパパ…

# 1-1 行動はセルフイメージに支配される

人は行動のほとんどを無意識に選択しています。「ほとんど」とはどれくらいかと言えば、95％とも97％とも、なんなら99％以上とも言われます。それくらい無意識の行動選択が多いのです。そのことを示す、ハーバード大学の心理学者マーガレット・シーたちが行った面白い実験をご紹介します。セルフイメージが成績に与える影響について示す実験です。

アメリカでは、アジア系アメリカ人は「数学の才能がある」というイメージが一般的です。また、日本でもありがちですが、アメリカでも「女性は数学が苦手」というイメージがあります。アジア系アメリカ人の女性の場合は、どちらにもあてはまります。

そこで、アジア系アメリカ人の女性たちに、数学の試験を受けてもらいました。テスト

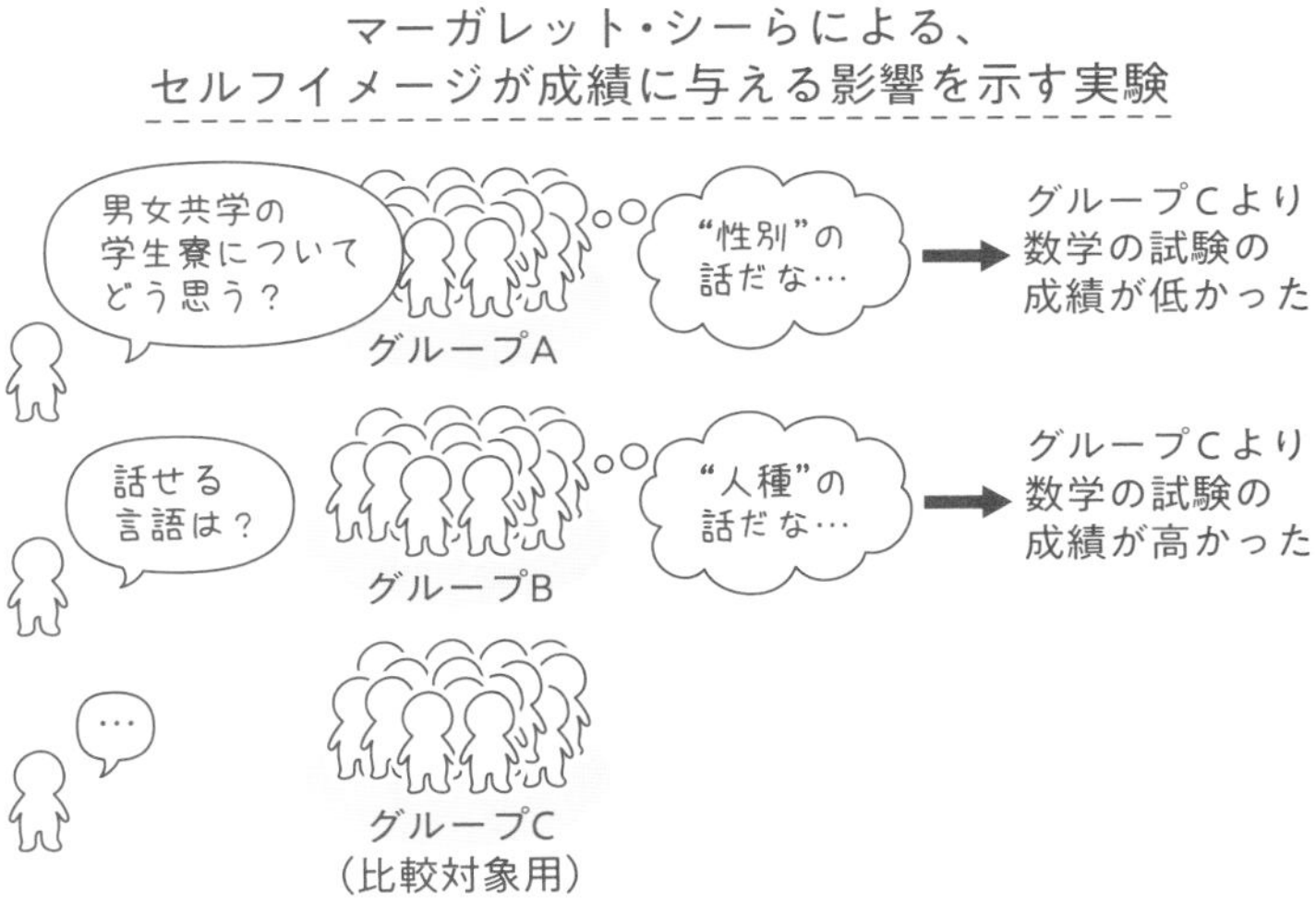


前に、一部の女性たちには性別に関する質問をして、思考が性別を意識するように誘導しました。例えば、男女共学の学生寮についての意見と好みといった質問です。また、他の一部の女性たちには人種に関する質問をして、思考が人種を意識するように誘導しました。例えば、話せる言語、家で使う言語、アメリカに来てからの家族史といった質問です。残りの一部の女性たちには、比較対象用にどちらにも誘導せずに試験を受けてもらいました。

その結果、三つのグループの成績にイメージと一致するような差が出ました。女性であることを意識させられた人たちは、比較対象グループより成績が低く、アジア系アメリカ人であることを意識させられた人たちは、比較対象グループより成績が高かったのです。

## おそるべきセルフイメージの力

他にも、セルフイメージが行動に与える影響について、エール大学の心理学者ジョン・バルグらが行ったこんな実験があります。ジョン・バルグらは、実験協力者たちに乱文構成問題を行ってもらいました。これは、バラバラの単語を並べ替えて文を完成させる問題です。英語のテストでよくありましたよね。

1.is　2.pen　3.a　4.this　→ This is a pen. といったものです。

このとき、一つのグループでは、比較のために中立的な文章を構成させる課題を出しました。使用した単語は、「のどが渇いた」「清潔」「プライベート」などです。もう一つのグループでは、「フロリダ（退職者に人気の移住先）」「ビンゴ（高齢者に人気の娯楽）」「古い」などの単語を使って、「老齢」というイメージを意識させました。

### ジョン・バルグらによる、
### セルフイメージが行動に与える影響を示す実験

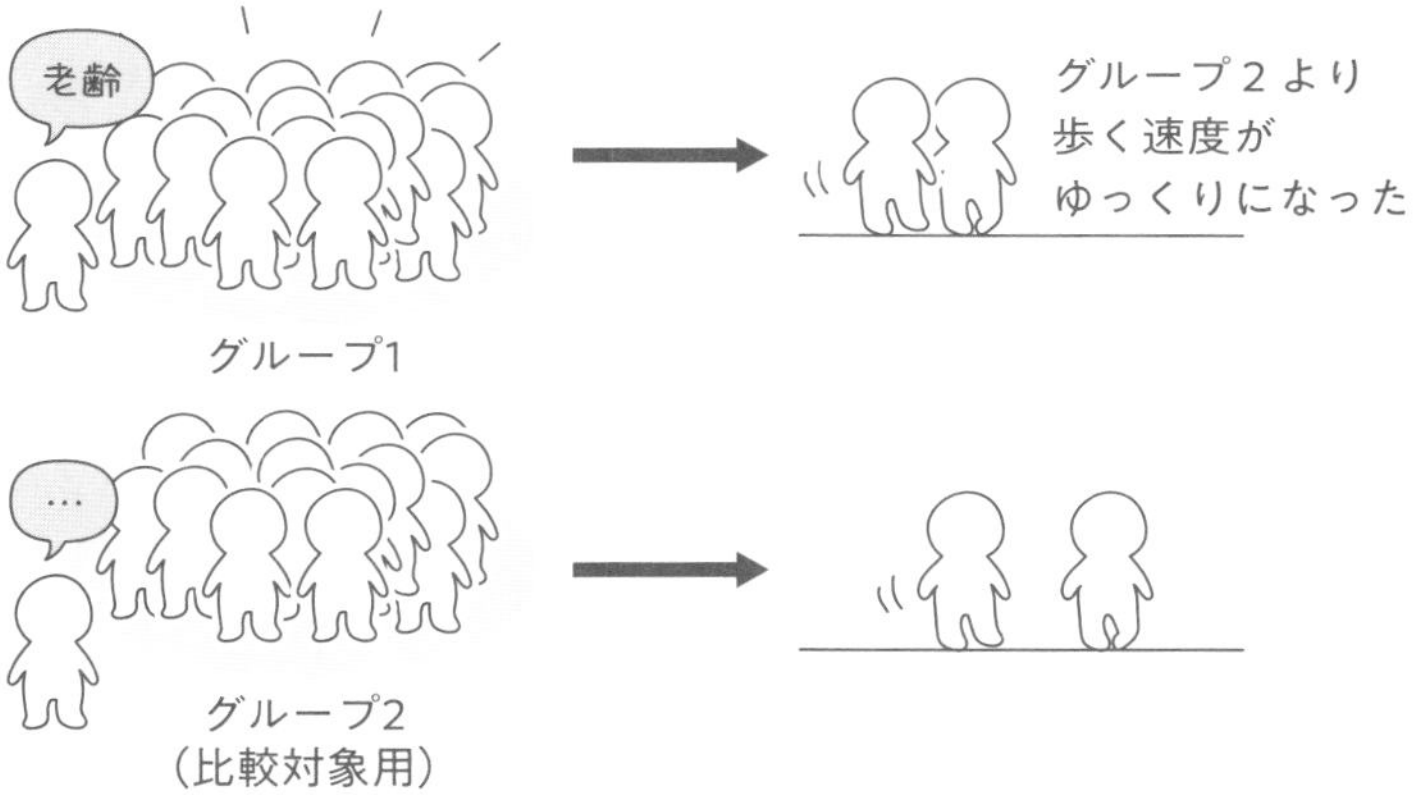


被験者は、乱文構成問題を終えたあと、これで実験がすべて終わったと思って部屋を出ました。しかし、じつは研究者たちが観察したかった実験の核心はここからでした。研究者たちは、部屋を出た被験者たちが建物を出ていくとき、廊下を歩くのにかかった時間を計測しました。その結果、「老齢」をイメージさせられたグループの被験者たちは、中立的なグループの被験者たちに比べて、歩く速度がゆっくりになっていたのです。

ここでの重要なポイントは、実験に参加した被験者たちは、実際には老人などではなく、ニューヨーク大学の学生たちだったたということです。最初にご紹介した実験では、実際にアジア系であり女性である人たちがそのことを自覚させられました。しかし、今回の実験では足腰が弱くなりつつある老齢に差しかかった人が、そのことを自覚させられたわけでもありません。速く歩くことができるはずの若く健康な学生なのに、「老齢」というイメージに引きずられて、無意識にゆっくり歩いてしまったのです。

考えてみてください。あなたが声かけの仕方を間違えて、お子さんに「自分は勉強が苦手だ」というセルフイメージを持たせてしまったら、どうなるでしょうか？　もうおわかりですよね。本当はもっとできるはずなのに、勉強ができなくなってしまいます。どうすれば、お子さんに「勉強は面白い」「自分は勉強が得意だ」「自分は勉強が好きだ」というイメージを持たせることができるのでしょうか？

## できる子に育てられる親と、育てられない親の違い

「できる子はお母さんに叱られたことがない」という話は聞いたことがあるでしょうか？

伝え方次第で、「自分は勉強が得意だ」
というイメージを作ることができる

いつも子どもに怒ってばかりのお母さんは、「きっと叱る必要がないくらい良い子だったんだろう」と思いがちです。しかし、考えてみてください。世の中に完璧な子どもなどいるでしょうか。一度も失敗しないまま、成長していくことなどあるでしょうか。そんなはずはありません。

では、違いは何か？　それは伝え方の違いです。子どもに叱られたと感じさせずに、改善のための情報を伝える技術があるのです。それを意識してか意識せずにか実践しているから、子どもは勉強に対しても、自分の能力に対しても悪いイメージを持たず、むしろ良いイメージを持ち、良いイメージの通りになっていくのです。

『小学生の子が勉強にハマる方法』でもお伝えしていますが、勉強を楽しくする働きかけのコツを実践すれば、お子さんの中に「この勉強は面白そうだ」というイメージを抱かせることができます。そうすることで、実際にお子さんは「やっぱり勉強は面白い」と感じるようになります。

そして、本書の伝え方のコツを実践していただければ、お子さんの中に「自分は勉強が得意だ」というイメージを作ることができます。そうすることで、実際にお子さんは勉強ができるようになっていきます。お子さんを勉強好きにしたい、勉強を得意にしたい、そうお考えでしたら、ぜひ日頃の声かけに活かしてくださいね。

**まとめ**

**人はイメージに引きずられて物事を判断し、決断する。子どもの中に勉強や自分自身に対して、良いイメージを持てるように働きかけよう。**

# 1-2 私たちの中にある二つの脳のメカニズム

なんで、あんなことをしたんだろう…。子育てをされていて、最近そんな後悔をしたことはあるでしょうか。よくありがちなのは、カッとなって子どもを叱り過ぎてしまうことです。普段の生活でも、なんでダイエット中なのに食べちゃったんだ…、なんで二日酔いになるまで飲んでしまったんだ…、なんで貯金しようと思っていたのに買ってしまったんだ……など色々あるでしょう。自分の行動を、あとになって後悔することは大人でもよくあることです。

なぜ、人は自分の思いとは違う行動をしてしまうのでしょうか？　それは、私たち人間の中には2人の自分がいるからです。原始的な本能で動く自分と、理性的な思考で動く自分です。本能は、感情と言い換えてもいいかもしれません。

1階の脳と2階の脳

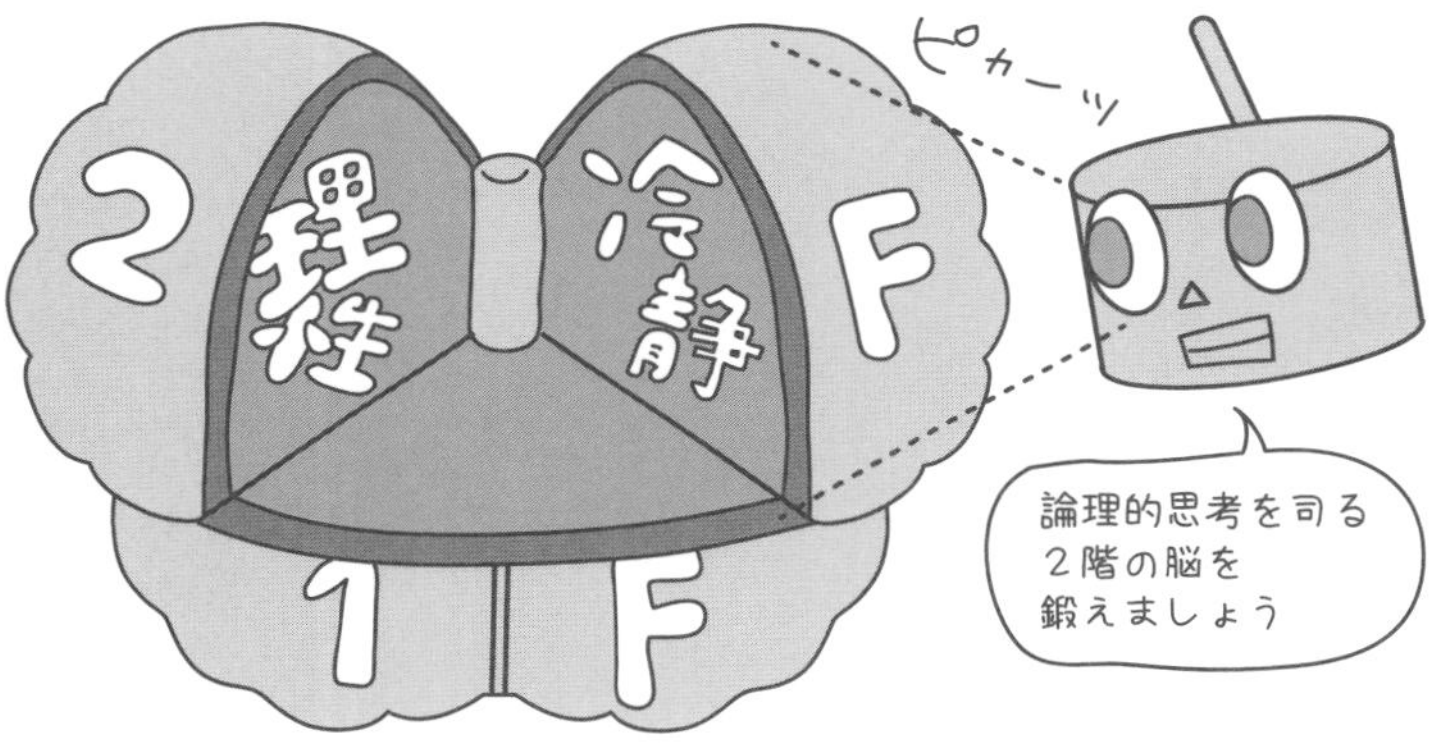
2F
理性
冷静
1F
ピカーッ
論理的思考を司る
2階の脳を
鍛えましょう

私たち伸学会では、原始的な本能を司る脳を「1階の脳」と呼んでいます。それに対して、理性的な思考を司る脳を「2階の脳」と呼んでいます。この呼び方は「自動的プロセス」と「統制的プロセス」、「システム1」と「システム2」など書籍や研究者によって異なります。また、脳の構造を「は虫類の脳」「ほ乳類の脳」「人類の脳」と三つに分けて説明している本もあります。しかし、基本的な考え方はだいたい同じです。私たちの中には、本能で衝動的に行動する自分と、理性で冷静に行動する自分がいるのです。

親としては、お子さんには理性的な行動をしてほしいものですよね。そのためには、論理的思考を担当している2階の脳を鍛えてあげる必要があります。2階の脳は、「もしこれをしたら、結果がこうなる」といった未来の見通しや、「あのときこうだったから、今こうなっている」という過去の振り返りを担当しています。さらに、自己を客観視する能力も2階の脳の働きです。

つまり、模試などでの成功や失敗を分析して改善策を考える力や、現時点での自分の状況を客観的に分析して今後の計画を立てる力は、2階の脳を鍛えることによって身についていくのです。

## 2階の脳を育てるためには？

理性・論理的思考力は、人間のコミュニケーション能力の進化から派生したと言われています。子どもは成長するときに、その人類の進化過程をたどります。そして、言葉を上手に使えば、子どもの2階の脳の成長を促すことができるのです。

## 子どもの独り言のメリット

- 2階の脳の成長を早める
- 子どもが理解していない部分を的確にアドバイスしやすい
- 子ども本人が自分の思考プロセスを確認できる

子どもは2階の脳がある程度発達し始めると、独り言を言うようになります。口に出して自分に話しかけながら思考を整理し、深めていきます。ですから、**邪魔をせずたくさんしゃべらせて考えさせることで、2階の脳の成長は加速します。**これは、もう独り言を言わないほど成長した子の2階の脳を育てるのにも効果的です。あえて独り言を言わせるのです。これは「シンキング・アラウド法（思考発話法）」と呼ばれるもので、思考プロセスを理解することができるので、ユーザーエクスペリエンス調査などでも活用されています。仕事で使ったことがある方もいるのではないでしょうか。

子どもに考えていることをそのまま言葉にしてもらうことで、私たち大人はその子が何をわかっていて、何をわかっていないのかを確認することができます。ですから、わかっていないところ・間違っているところに対して、効果的なアドバイスがしやすくなります。また、大人が独り言を言いながら作業し、思考プロセスを見せてあげることで、お手本にさせることもできます。

子ども本人も、独り言を言うことで自分の思考プロセスを確認できます。うまく言葉で説明できなかったら、「自分はよくわかっていないのだ」と気づくことができます。「考えるとは、言葉にすること」「わかっているとは、言葉で説明できること」とは、私たちが繰り返し生徒たちに言い聞かせていることです。

さらに、会話を通じて2階の脳を育てる方法も大切です。これについては、2章であらためてくわしく説明します。**子どもに話をさせるほど、子どもの脳の成長は早くなります。**お子さんとの会話において、親と子の発言量を比べてみてください。親の発言が多ければ多いほど、それは子どもの言葉を奪い、成長を妨げることになるので注意が必要です。子どもが考えを言葉にするまでは時間がかかります。じっくり待って、出てきた言葉に対して、さらに質問を投げかけることで、子どもが考えて言葉を発するのを支えてあげましょう。

**まとめ**

**理性的な行動を取れるようになるためには、理性を司る2階の脳を鍛える必要がある。2階の脳を鍛えるためには、言葉で状況や思考を整理させることが効果的。**

# 1-3 自己客観視が自己コントロールのスタート地点

あなたは自分で自分のことがどれくらいわかっていますか？　人は意外と自分のことがわかっていないものです。1章の1節で述べたように、人は自分の行動の9割以上を無意識で行っています。悪い行動をしていても、本人はまったく無自覚・無意識ということはとても多いのです。

## iPadで自己認識と客観のズレを埋める

以前の教え子で、授業が終わったあと、いつも残って勉強していく子がいました。しかし、毎回友達とおしゃべりをしたり、何かあるとすぐ立ち歩いたりしてしまい、実際に身になっている時間は半分もありませんでした。私も他のスタッフも、それをとても残念に思って何度か注意しましたが、なかなか改まりませんでした。なぜなら、彼自身は「自分はちゃんと勉強している」「注意されるのはおかしい」と思っていたからです。

「あまり集中していなかったよね？」と聞いても、「集中していました」。
「課題、あまり進まなかったんじゃない？」と聞いても、「いつもこんなものです」。
「消しゴムにシャーペンを刺して遊んでいなかった？」と聞いても、「していません」。

話が通じません。これは困った…。そこで、彼の自己認識と客観のズレを埋めるために、あることをしました。その結果、彼の行動が一気に改善されました。いったい何をしたと思いますか？

それは、彼の様子をiPadで録画して本人に見せたことでした。たったそれだけです。それを見ると、「うわ！　オレ、こんなに勉強していないんだ・・・」と納得してくれました。お母さんからも、家に帰ってから「直さなきゃ」と言っていたというメールをいただきました。伝わってよかった！

## 自己認識と客観のズレを埋める

その後、彼と私たちの会話はちゃんとかみ合うようになり、「今、自分はどういう状態かな?」「どういう状態になりたいのかな?」と問いかけるだけで、自分で軌道修正できるようになりました。そして、自主的に学習中はiPadを横に置くようになりました。自分が集中できているかどうかをあとで確認できるよう、動画撮影しながら勉強する習慣がついたのです。講師ではなく、自分で動画を撮って管理するのですから、れっきとした自己管理です。いずれ自己客観視する力が身につき、iPadという補助輪なしでも順調に学べるようになるでしょう。

この「iPadで録画して見せる」ことは、本当の意味でのフィードバックです。「フィードバック」という言葉は、ビジネスや教育の場面では何かしらのアドバイスや評価を与える意味で使われることが多いですが、本来は「改善や調整のために、出てきた結果や情報を戻すこと」を意味します。今回のケースでは、「自分の様子」という情報を本人に戻したわけです。それに対して「良くない」と評価し、「改善策を考える」のは本人が行いました。

## やる気が行動につながらない原因とは？

残って勉強しているはずなのに、集中せずに立ち歩いたり、おしゃべりしたりしている状態を見ると、「やる気がないな」と判断してしまう先生や保護者は多いと思います。でも、違います。本人はとても真面目で熱意があり、できるようになりたくて残って勉強していました。講師が居残りを命じていたわけではなく、あくまで自主的に残って勉強する熱意が彼にはあったのです。

ただ、当時の彼には自己を客観視する力が足りませんでした。そのため、集中して勉強できていないことに気づかず、自分に対して「ちゃんと勉強しよう」という指示を出せていなかったのです。それが、やる気が実際の行動につながっていない原因でした。

この自己客観視する力を教育学では「メタ認知」と言います。お子さんに説明するときには、「心の監督」と言うとわかりやすいでしょう。自分の状態を把握《はあく》して、自分に指示を出して監督するというイメージです。ちなみに、この「心の監督」は2階の脳の働きです。

自己客観視する力が弱かった彼に、録画された自分を見せることで、心の監督の働きをお手伝いしました。心の監督に正しい情報を与え、正しい評価・判断の材料にしてもらったのです。結果、もともと持っていた意欲や正しい判断力といった良い力がうまく働き出して、行動が改善されました。

じつは、このような心の監督の能力不足は彼に限った話ではなく、多くの子どもに共通

### 感情的に叱らず、冷静に子どもをサポートする

翔太アア
集中しろって言ってるだろう 集中ラウ〜
ダダダッ
心の監督がまだ未成熟なので、叱っても意味ありませんよ！
あっテレビが始まる〜
ぽへ〜

します。人間は2階の脳が未成熟なまま生まれ、年齢とともに育っていきます。10歳頃から成長が加速し、完成するのは25歳前後と言われています。小学校高学年の段階では、完成までまだほど遠いわけですね。ですから、心の監督がうまく働かないことがあっても、当たり前なのです。

**自分がどういう状態なのか気づかず、悪気なく悪いことをしていることがよくあります。これは「意志」や「意欲」の問題ではなく「能力」の問題です。**叱ってどうにかなることではないので、今回のように、その「能力」を補ってあげなければいけません。

あなたのお子さんは、「口で言うこととやることが違う」ということはないでしょうか。それは悪気があって嘘や誤魔化しを言っているのか、あるいは自分の意志や意欲を実行するための能力がまだ育ちきっていないのか、感情的に叱る前に冷静にお子さんを分析してみてください。無理を要求すれば、お子さんを苦しめるだけです。しかし、ちゃんと原因がわかれば、今回のように案外あっさり簡単な解決策が見つかるかもしれません。親の腕の見せどころですね。

**まとめ**

**自己コントロールのためには、自分を客観視できることが必要。しかし、子どもは自己客観視する力がまだ育ちきっていない。正しい情報を鏡のように返すことで、子どもの「心の監督」が正しい判断をする手伝いをしよう。子どもが何か悪い行動をしてしまっても、悪気があると思わないように気をつけよう。**

# 1-4 自分の「悪い行動」に名前をつける

ここまでで自己客観視の難しさと、その能力を身につけることの意義については理解してもらえたと思います。大人ですら難しく、まして脳が未成熟な子どもにとってはいっそう困難です。そこで、先ほどは iPad という道具を使う方法をお伝えしました。この節では、道具を使わずに子どもの自己客観視を手伝う方法を紹介します。それは、子どもの「悪い行動」に名前をつけることです。

## 子どもが自力で誘惑に勝つための簡単なコツ

子どもは自分でも誘惑に弱いことを知っています。生徒に「自分が後悔していること、誘惑に負けたときのことを思い出してみよう」と言うと、色々な話が出てきます。「テレビをついつい見過ぎてしまった」「ゲームばかりやって宿題をサボってしまった」「授業中についついペンを分解してしまう」「他の話を想像して授業を聞き逃してしまう」「ついつい爪を噛《か》んでしまう」などなど…。子どもたちも、ダメだとわかっていても、ついやってしまうわけです。

子ども自身がダメだと自覚しているなら、「それはダメだよ」と指摘しても効果はありませんよね。「そんなことはわかってるよ！」とかえって反発されるのがオチです。本人が自力で誘惑に勝つことができる方法を教えて、手助けしましょう。そのためには、**「自分の悪い行動に名前をつける」「誘惑に負けた自分に名前をつける」というのが効果的です。**これは、ケリー・マクゴニガルの『スタンフォードの自分を変える教室』でも紹介されているテクニックです。

これまで、生徒たちが名づけてきた誘惑をご紹介します。「ゲームゲン（無限にゲームをしてしまう）」「TV太郎（テレビの見過ぎ）」「マンガードライブ（マンガ読み過ぎ）」「ラクガキング（授業を聞かずに落書き）」「ペンイジエンザB型（ボールペンの分解。S型はシャーペン)」「やり過ぎエジソン(これも文房具の分解)」「ガブガブベビー(指をくわえがち)」「ホワイト花子(ついボーっとして頭が真っ白)」――バラエティ豊かな誘惑がそろっています。別にうまいネーミングでなくてもいいので、まずは名づけてみましょう。つまり、「悪役」を作るのです。

## セルフイメージを傷つけずに叱る

悪役を作ると、誘惑とポジティブに戦えるようになります。例えば、ゲームばかりしているお子さんを叱るとき、「お前はゲームばかりしてだらしない子だ」などと人格・性格に対する非難をしてしまうことはないでしょうか。しかし、これは効果的な対処法とは言えません。人格・性格はすぐには変えられないものです。それをダメと言われても、子どもはどう改善したらいいかわかりません。ただ、セルフイメージを傷つけるだけで終わります。

場合によっては、「自分はゲームばかりしているだらしない子だ」というセルフイメー

悪役を作ることで、
セルフイメージを傷つけずに行動改善を促す

翔太お前
またゲームばっかり
やって！
じゃなくて…
無限に
ゲームする
ゲームゲン
ゲームゲンに負けて
翔太らしくない行動を
してしまったね

ジがついてしまい、自分にふさわしい行動として、無意識にゲームを選ぶようになってしまうかもしれません。それではかえって状況は悪化します。

それに対し、**子どもの中に悪い行動をさせてしまう「悪役」を設定して人格と切り離すことで、セルフイメージを傷つけることは避けられます。**例えば、「ゲームゲンに負けて、あなたらしくない行動をしてしまったね」などと伝えるといいでしょう。「あなたらしくない」というニュアンスで伝えるのは、お子さんの自尊心を尊重しながら問題行動の改善を促す方法としてとても効果的です。

そして、「ゲームゲンと戦おう」「どう戦えばいいかな?」と話を進めることで、子どもにもわかりやすく行動改善の話につなげられます。悪役との戦いに勝てたときには、勝利をお祝いしましょう。自己客観視は子どもにとって難しいことですが、ちょっとしたコツ次第で手助けすることができます。ぜひ、試してみてくださいね。

**まとめ**

**誘惑に名前をつけて「悪役」を作ろう。「悪役との戦い」と考えれば、子ども自体の人格や性格に対して攻撃することを避けながら、自己客観視する力を補うことができる。**

# 1-5 子どもは自分の成長に気づかない

子どもの自己客観視する力が低いことによる問題点を、もう一つお伝えします。それは、**子どもは自分の変化・成長に気づきにくい**ということです。これは、おそらくあなたが思うより、はるかに重要な問題です。

## 自己客観視力が低いことによる、もう一つの問題

「できるようになりたい」という成長の欲求は、人間にはとても大きなものです。小さい子を思い浮かべてみてください。大人のまねをして、何でも「やってみたい！」と言いますよね。そして、できるとうれしそうにするものです。ところが、中学受験の勉強を始める小学校高学年くらいになると、「うちの子はできるようになりたいという意欲がなく

て困る…」とおっしゃる親御さんが多くなります。これは、いったいなぜでしょうか？

それは、「子どもが自分の成長に気づいていない」からです。そして、自分の成長に気づけない根本原因こそが、自己客観視する力が低いことなのです。以前、そのことがよくわかる出来事がありました。生徒と1 on 1トーク（6章で扱う、振り返り会話のこと）を行ったときの一コマです。

直近の数ヵ月で大きく成長した、と私が感じていた生徒がいました。明らかに夏期講習前後で学習習慣が様変わりし、苦手だった社会・算数もテストの点数が数倍に上がりました。そんなに伸びしろがあるほど、もともと苦手だったということですが、そこからの急成長は1年前では考えられませんでした。ついに結果が表れてきたタイミングで、次のように聞いてみたのです。

「自分のどういう行動が良い結果につながったのだと思う？」

「どういう行動を取ることができるようになった？　自分の行動の何が変わった？」

## 自分を客観視できない子どもは自らの成長に気づかない

No!
翔太くんは
自分の成長に
気づいてないのです
んも〜〜
うちの子は
勉強する意欲が
なくて…

私はその生徒のどこが変わったかを知っているからこその質問でした。しかし、その子は「うーん？」と首をかしげるばかり。「心当たりはない？」と聞くと、うなずきます。

これには驚かされました。社会で間違えた問題の再テストを行い、その再テストで間違えた問題の再々テスト、再々々テスト…とミスが完全になくなるまで繰り返すようになったのは1ヵ月前からでした。算数で間違えた問題について、自分の式の数字に単位をあとから書き加え、「この式はBCの長さを出していた」などと意味を書くようになったのも最近のことでした。

これらの努力が結果に結びついているのは、私からしたら明らかでした。しかし、そうした良い行動ができるようになったこと、自分の行動が以前と比べて変化していることを、その子はまったく自覚していなかったのです。

私はあくまで1 on 1トークの聞き手で、意見を言う役割ではありません。それなのに、つい「あれもするようになったし、これもするようになったんだよ！」と思い出せる限りをその子にぶつけてしまいました。「半年前にはやっていなかった良い行動を取るようになったことが、良い成績を取れたことよりずっと大事だ」と考えるがゆえに、ちょっと熱くなってしまったのです。

## 自覚しづらい行動の変化、学力の変化

今考えると、気づけないのは仕方がないことです。小学生の子が、「今・ここ」を超えた視野を持つのは難しいことです。だから、「過去」の自分と、「今・ここ」の自分を比べるのも苦手です。これこそが、自己客観視する力が低いということなのです。

## 行動の変化、学力の変化は自覚しづらい

考えてみれば、自分の身長が伸びる実感がないのと同じことです。自らの姿は自分では見えませんし、毎日気づかないほど少しずつ変わるものです。だから柱に傷をつけたり、身体測定があったり、久々に会う親戚から「大きくなったねぇ」と言われたりして初めて気づきます。記録を取ったり、数字にしたり、周りから認められたりしなければ、自分の成長には気づくことができないのです。あなたもそうではなかったでしょうか。

見た目に変化が表れる身長ですら気づきにくいなら、「自分の行動や生活の変化」や「学力の変化」なんてもっともっと気づきにくい

はずです。半年前から現在にかけて変わった行動は、「今・ここ」で見えることではありません。半年前を思い出し、今と比較するものです。しかも、わかりやすい数字の比較ではなく、行動の比較です。子どもだけでなく、大人にも難しいのではないでしょうか。昨年と今年で変わった自分の生活習慣を、あなたはどのくらい思いつきますか？

「学力の変化」も同様です。「半年前と比べて、どれだけ学力が伸びたか」は、「今・ここ」の成績を見てもわかりません。点数は数字で表されますが、先ほどの子のように半年前の自分の点数を覚えていない場合がほとんどです。また、学力は確実に上がっていても、テストの問題も半年前より難しくなっていますから、点数は半年前と比べて変わっていないこともあるでしょう。

また、偏差値も数字で表されますが、半年前との比較がわかりにくいという問題点は点数と同様です。さらに偏差値には、もう一つ大きな問題点があります。それは、偏差値は相対評価の指標なので、みんなと同じペースで成長していけば変わらないという点です。集団に「遅れずについていく」「順位を下げずにキープする」だけでは、偏差値は上がら

## 「偏差値が変わらない＝学力が変わらない」ではない

「偏差値が変わらない」のは
「集団の中で人並みのスピードで
学力が伸びている」ということです
みんなと同じペースで成長してる!!
置いていかれたりしてない!!
なるほど!!

ないのです。ここで多くの子は誤解をします。**偏差値が変わっていないことが示すのは、順位が変わっていないということであり、学力が変わっていないということではありません。**しかし、それを学力が変わっていないものと勘違いするのです。

中学受験生は、受験をしない子たちからすると異常なほど勉強しています。地方出身でご自身は中学受験の経験がないお父さんお母さんは、みなさん驚かれます。塾に週に何日も通い、一生懸命勉強して、全員がすごいスピードで学力を伸ばしていきます。「偏差値が変わらない」のは、「自分はその異常な集団の中で、人並みのスピードで学力が伸びている」ことだと理解する必要があります。しかし、この正しい理解ができていない子がほとんどなのです。

こうした理由で、子どもたちは自分の変化になかなか気づけません。あなたのお子さんも、良い行動を取れるようになったという自らの変化に気づいていない可能性があります。「昔からずっとこうだった」と思い込んでいるかもしれません。学力も同じように、今できていることは「昔からずっとできていた」と思い込んでいるかもしれません。そして、「あの子に負けている」という基準で、「ずっと変わっていない」と思い込んでしまうのです。

## 子どもが成長を感じられるために親がしてあげられること

話が長くなりましたが、「自分が成長した」「以前よりもできるようになった」という手応えや達成感、喜びを感じられずに、ずっと過ごしていたらどうなると思いますか？「できるようになりたい」という意欲を失います。どうせやってもムダと思うようになります。そして、勉強を嫌いになります。とても大きな問題ですよね。

## 子どもの良い行動を認めて、本人に意識できる形にする

翔太くんの良い行動を
見つけ出して
言葉にして
あげてください
翔太は■■■
■■だね！
■■■■■■な
ところも
すごいよ！
僕
がんばる！

ですから、そうならないために、親御さんは子どもの自己客観視する力を補ってあげる必要があるのです。**子どもが良い行動を取ったら、それを見つけ出して言葉にしてあげましょう。その行動を認めて、本人に意識できる形にしてあげましょう。**これが大事です。こまめに見つけて認めてあげるからこそ、行動を少しずつ変えることができるのです。

また、その結果として学力・能力が伸びたときには、その変化を本人にわかる形で教えてあげましょう。**私たち大人が子どもに伝えなければいけないのは、「やればできる」ではなく、「やったからできるようになった」**

**です。**「やればできる」は子どものことをまったく見ていなくても言えます。「やったからできるようになった」は子どもをよく見ていないと言えません。どちらがお子さんの心に届くかは言うまでもありませんよね。

この本を読んでいるあなたは、お子さんのために学ぼうという意欲があり、お子さんのための労を惜しまない方だと思います。ですから、きっとお子さんのこともよく見ていて、変化にも気づいていることでしょう。お子さんも自分で気づいているはずと思わず、それをしっかり伝えてあげてくださいね。

**まとめ**

**子どもは自分の成長に気づきにくい。そのため、「どうせがんばってもムダだ」と思ってしまいがち。だから、子どもの代わりに「前と比べてどう変わったか」「何が今回の成功につながったのか」を親が探して示してあげよう。**

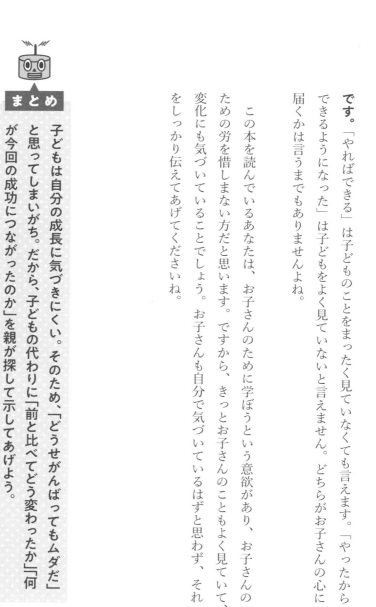

# 第2章

# 理性的な行動を取れる子になるコミュニケーション法

翔太
やるやるって
いつから
勉強始めるの？
あと5分で
やるよ〜
翔太！
ピコ
ピコ
わかってるよ
うるさいな〜
うるさい？
ピクピク
やるならさっさと
やりなさーい！
なんて
言ったの
!!
やろうと
思ってたのに！
もうやりたく
なくなった！
ママのせいだ!!!
あーあ…
また同じようなことで
怒ってしまった〜
今度は
ママかあ
こないだは
ボクだったけど
…
翔太が宿題を
やろうとしてた
のはわかってるの
キィイッ
でもやっぱり
行動に！
表れないと！
成績は
伸びないの
よぉおお
バンッ
そうでしょう
ティーチャー！
じゃあ！
その通りです
ママさん
いい気づきです
感情・本能ではなく、
理性に基づいた行動を
取れるようにするには
どうしたらいいの〜〜
コレホントっつ
ムリ〜〜

解決方法が見つかりました
ピコ
え？
解決方法…？
2階の脳を使わせればいいのです！
2階の脳！
理性的な脳のことです
…ってなんだっけ？
さっき聞いた気もするけど
2階の脳：理性を司る
1階の脳：本能を司る
2階
1階
人間の脳には理性的な2階の脳と、感情的な1階の脳の2つのメカニズムがあります
2つの足並みがそろわないと…
宿題やるぞ
2階
1階
ゲームやりた～い
え～と…
どうしたら2階の脳を使うようにできるの？
翔太ァ！だからあんなに困ってたのか～
実践フェーズ始動
ピコーン
具体的な方法をお伝えします
それでは
なんか動き出したっ
フォオオオオ…
続きは本編で！

# 2-1 なぜ、子どもは何度も同じ失敗を繰り返すのか？

子どもを叱ってイヤな気分になる。子育てをしていてたびたび訪れる瞬間だと思います。生徒を指導していても叱らなければいけない場面はたくさんあります。最初から完璧な行動ができる子などいません。悪いところを指摘して、改善を促さなければいけないときは必ずあります。しかし、子どもを叱ることで相手も自分もイヤな気分になるのは、できれば減らしたいもの。特に残念なのは、同じ理由で何度も叱らなければいけないときです。

## 同じ失敗を繰り返さないために大切なこと

人間はそう簡単に変われるものではありません。あなたも、きっと同じ失敗を繰り返してしまったことはありますよね。私にもあります。子どもであればなおさらです。子ども

## しつけの目標は、子どもが納得して「良い行動をしたい」と思えること

翔太くんが納得していないから
同じ失敗を繰り返すのです
ウィィィ…
何ッ回叱っても
同じことするのよ
ぬええええっ

自身も同じ失敗を繰り返したくないと思っているのに、またやってしまった…これは仕方のないことです。子どもの未熟さを受け入れてあげなければいけませんよね。

しかし、そうではない場合もあります。子ども自身が納得していないから、叱られても同じことを繰り返す場合です。こうしたケースは、「はじめに」でもお伝えしたように、私たち大人の指導力不足にも原因があります。**子ども自身が納得して、自分から「良い行動をしたい」と思ってもらうこと。これが、しつけの大きな目標です。**

そのために最も大事なのが子どもへの正しい伝え方です。正しい物事のとらえ方、正

しい考え方、正しい勉強法など、親としてお子さんに教えたいことはたくさんあるでしょう。それを子どもに教える上で大事なのが、内容よりも伝え方なのです。

人は理屈ではなく、感情で動く生き物です。正しいことを伝えたからといって、その通りには動いてくれるとは限りません。ですから、**何を伝えるべきかという知識とともに、どう伝えれば子どもの気持ちをうまく乗せられるかというテクニックも身につけておかなければいけない**のです。本章では、そのテクニックをお伝えします。

また、それをうまく実践できるようになるためのアンガーマネジメントの技術や親のマインドセットも5章にありますので、あわせて身につけてください。これらを習得したとき、お子さんが何度も同じ失敗を繰り返すという悩みから解放されることでしょう。

**まとめ**

**人は理屈ではなく、感情で動く生き物。同じ失敗を繰り返さないようにするために、子どもの気持ちをうまく乗せて納得させられる伝え方をしよう。**

# 2-2 「ゲームやりたい」より「宿題やらなきゃ」を選べる子になるコツ

子どもの行動を改善する方法について、具体的にお話ししていこうと思います。1章でご説明したように、私たちの脳には理性的な2階の脳と、感情的な1階の脳の二つのメカニズムがあります。これら二つが足並みをそろえて動いてくれているときはいいのですが、相反するときはやっかいです。

例えば、理性では「宿題をやったほうがいい」とわかっているけれど、感情では「どうしてもゲームがやりたい」と思ってしまう。理性では「甘いものは食べないほうがいい」とわかっているけれど、感情では「どうしてもチョコレートが食べたい」と思ってしまう。そのような長期的な目標を達成するための行動と、目先の欲求を満たすための行動が相反する状況です。

こういったときに感情・本能ではなく、理性に基づいた行動を取れるようになるにはどうしたらいいのでしょうか？　それが、２階の脳を使わせて育てるコミュニケーション法です。理性を司る脳がパワフルに働き、理想の状態を手に入れるための行動を選択するように導いていくのです。

## 子どもが理性的な行動を取れるようになるための方法

**2階の脳を育てる方法は実にシンプル。2階の脳を使わせるということです。**身体を育てることを想像してみてください。子どもは、ただご飯を食べてよく眠るだけでも、日々成長していきます。骨格が大きくなり、筋肉もついていきます。しかし、それだけでなく運動をさせれば、筋肉の成長はより早くなります。脳の場合でも、人の成長原理は同じです。ただ育つに任せるだけでも、子どもの脳は自然と成長していきますが、正しく使わせることで脳の成長をより早めることができます。

## 子どもに話をさせて2階の脳を育てる

では、どうすれば子どもに2階の脳を使わせることができるでしょうか？　1章でも少し触れましたが、それは子ども自身に話をさせることです。誰かの話を聞き流すのは、頭を使わなくてもできてしまいます。失敗して叱られ、苦痛な時間を耐えるために、話を聞いているふりをするだけ。長々とお説教をして「わかった？」と確認し、子どもが「うん」と答える。よくある光景ですが、わかっていないからまた同じ失敗を繰り返します。そもそも、こうしたお説教はほとんど、あるいはまったく効果がない場合が多いということを覚えておいてください。

これに対して、子ども自身が話す場合を考

えてみてください。自分で頭を使って考えないと、話すことはできませんよね。失敗したら、状況を整理して問題点を把握し、今後どうするべきか妥当な結論を考える。これらすべてが子どもにとっての脳トレになります。同時に、自分で考えたことだからこそ、結論に対して納得感が生まれるという心理的な効果も生まれます。あわせて、子どもの行動改善に効果を発揮するのです。

**子どもの成長を促すためには、親が言って聞かせるのではなく子どもに話をさせる。**まずは、このことを覚えておいてくださいね。

**まとめ**

**理性を司る2階の脳を育てるためには、2階の脳を使う経験を積ませることが重要。そのために、大人は自分が話すのではなく子どもに話をさせるようにしよう。**

# 2-3 子どもに話をさせるコツ

「黙ってないで何とか言いなさい！」。子どもを叱るときに、ありがちなセリフです。大人が言って聞かせるのではなく、子どもに話してもらったほうがいい。そう先ほどお伝えしましたが、わかっていても実践するのは難しいものです。そこで、この節では子ども自身に話をしてもらう上で、大事なポイントをいくつかお伝えします。

## 親は「しゃべらない！」と決める

まずは私たち大人側の心構えとして、「しゃべらない」を意識することが必要です。ついつい言って聞かせたくなりますよね。人は、大人も子どももしゃべりたがりです。しかし、言って聞かせようとしても、子どもは聞いていないし、効果がないのは前述の通り。

## 会話の中で親が話す割合は３分の１以下にする

ですから、まずは「しゃべらない」と心に決めましょう。しゃべらないと言っても、どれくらいがいいのか？　「理想は０」と思ってもらっても構いません。安心してください。０にしようと心がけてもできませんから。

大人は、人からの信頼や好感度を獲得するために「傾聴」が重要なことは、ビジネスでたびたび学びます。会話は自分が聞き役になる時間を長くするほど相手は楽しいと感じ、こちらに好感を持ってくれるものです。これは子どもが相手でも同様です。

子どもを叱るのは、子育ての中でなかなかイヤな瞬間です。自分に置き換えて考えてみれば、怒ってばかりの上司や親に対して、良い感情を持っていない方も多いでしょう。だからこそ、自分はそんな怒ってばかりのイヤな親にはなりたくないですよね。

**子どもの成長に必要なのは、失敗すると叱られてイヤな思いをするという体験ではなく、失敗を通じて原因を考え改善するという経験です。**ですから、あなたが憎まれ役になる必要はありません。穏やかな雰囲気で聞き役に徹し、子どもが自分の頭で改善策を考える。それを理想の状態としてください。

数字で目安を示すとしたら、**会話の中で親が話す割合を3分の1以下にすること。**もしそれより多く話していたら、話し過ぎたと思いましょう。少ない分には問題ありません。子どもがほとんど話していた、という状態を作れるといいですね。

## 「Why」「What」でインタビューする

子どもに話をさせるとはいえ、「さぁ、しゃべりなさい」と言ったところでおそらく大して話してくれないでしょう。冒頭のように、「黙ってないで何とか言いなさい！」となるのがオチです。どんなに話が面白い人でも「何か面白いこと言って」と言われたら困るでしょうし、どんなに英語が堪能《たんのう》な人でも「何か英語でしゃべって」と言われたら話しにくいのが普通です。ですから、子どもが話しやすいように司会進行役が必要になります。うまくインタビューをして、本人から話を聞き出してください。

上手なインタビュアーになるコツは、５Ｗ１Ｈを使ってオープン・クエスチョンにすることです。ＹＥＳ／ＮＯで答えられるクローズド・クエスチョンにしてしまうと、頭を使わない「はい」という生返事を繰り返すことを許してしまいます。それに対して、オープン・クエスチョンは自分で答えを考えざるを得ません。

オープン・クエスチョンで特に効果が大きいと考えているのが、「なぜ？（Why）」と「何？（What）」です。「なぜ？」はわかりやすいですね。原因を考えさせる問いです。

「なぜ、こんな悪い結果になってしまったんだろう？」

「なぜ、こんな悪い行動をしてしまったんだろう？」

## オープン・クエスチョンで子どもに考えさせる

5W1Hのオープンクエスチョンで答えを考えさせましょう
ちょっと翔太ちゃんと勉強したの!?
はーい

このとき、**子どもの回答が「自分でコントロールできる内容」でなければ、何度も掘り下げてください。**例えば、「なぜ、今回の算数の成績が悪かったんだろう?」という問いに対して、「植《うえ》木《き》算《ざん》がわからないから」という答えが返ってきたとします。

「じゃあ、なんでわからないままなんだろうね?」と問いを重ねていくのです。もし、また「植木算は難しいから」といった答えが返ってくるようなら、「どうしたら、わかるようになると思う?」「1週間前に戻ってやり直せるとしたらどうする?」といった形で、子どもの回答が自分の行動に限定されるような聞き方をしましょう。

「何？」はいくつかバリエーションがあります。私がよく使うのは、「うまくいったときとは何が違ったんだろう？」という問いかけです。例えば、「テストで良い点を取ったときと悪い点を取ったときの違いは何か？」という問いを考えると、良い点が取れる「勉強の勝ちパターン」が見えてきます。さらに掘り下げて、その「勉強の勝ちパターンを実行できた理由は何か？」を考えさせると、なお良くなります。

また、他のパターンとして、子どもが「これからはちゃんと勉強がんばる」といった抽象的な回答をしたときは、「いいね！　じゃあ、何をしたらちゃんとがんばったことになるかな？」と具体的な内容を考えさせるようにします。さらに掘り下げて、「どれくらいやるの？」と聞くと、なおいいですね。

## 子どもが自分で出した結論は当事者意識を生む

## 自分で考えた結論は当事者意識を生む

いいわね
何を、どれくらい
したらがんばったことに
なるかしら？
勉強がんばるよ！
ええと
計算ドリル
1日5ページ
かな
やらなきゃ
な…

このように適切な問いを発することで、子どもは考えやすくなります。表面的な答えしか出てこないときには、さらに問いを重ねることで思考を深めます。その結果、子どもの2階の脳が育っていくので、とても良い脳トレになります。

その上、**自分で考えた結論のため、そこに納得感や当事者意識が生まれます。**大人でも子どもでも、他人に言われてその通りに動くのが嫌いな人は多いですよね。自分で決めてもらえば、余計なストレスもありません。

質問を繰り返して話を掘り下げることは、相手の話を聞いていると伝えることにもなるので好感度も高まります。ハーバード大学のカレン・ファンらが行った研究でも、お見合いパーティでモテるのは上手に相手に質問して話を掘り下げていく人だったという結果が出ています。お子さんに好かれる親になれたらうれしいですよね。

この「上手な問いを発する」というのは、実際やってみるとなかなか難しい技術です。ついつい、「○○したらいいんじゃない?」などと言ってしまいがちです。それでは「問い」ではなく、「提案」です。頭を使わせることにはなりませんし、子どもが渋々「うん」と言ったところで当事者意識は生まれないので、やる気も起きません。言って聞かせるのと大差ありませんよね。

また、問いの内容ではなく、雰囲気で失敗してしまう場合もあります。尋問や圧迫面接のような雰囲気で話をしても、子どもの主体的な思考や反省は引き出せません。子どもと敵対的な関係ではなく、一緒に問題を解決するための協力関係を築くためには、表情・しぐさ・声色なども含めて、相手を威圧しない優しい雰囲気が必要です。

子どもが失敗したときの反省会を一緒にし、それが終わったあとに反省会の反省会を1

人でしましょう。「今のインタビューは何点だったかな？」「次はどうすればもっと上手に子どもの反省を引き出せるかな？」と自問自答してみてくださいね。

**まとめ**

**子どもに話をさせるためには、「自分はしゃべらない」と最初に決めよう。子どもが詰まったときに、必要に応じてオープン・クエスチョンを使って思考を引き出そう。**

# 2-4 話の順序が子どもの納得感を左右する

自分はしゃべらずに、必要最低限のインタビューで、子どもに話をさせられるようになったら、次のステップに進んでください。子どもの成長をよりいっそう促すためのテクニックです。人間はマルチタスクが苦手ですから、こうしたテクニックを複数同時にやっても、はじめはうまくいきません。いきなりピアノの弾き語りをやろうとしても難しいですよね。

まずは「しゃべらず質問する」ができるようになって、子どもと有意義な反省会ができるようになることが先決です。ですから、一つできるようになったら次のテクニックというように、少しずつ武器を増やしていってくださいね。

**事実** → **心情** → **評価** → **方針**

**事実**
今授業中なのに大きな声で友達と話してしまっていたね。先生の話の邪魔になっていたよね。

**心情**
友達とお話しするのは楽しいから、ついやりたくなっちゃうよね。

**評価**
でも、そうやって君がおしゃべりすると授業が進められなくなっちゃうのはわかるかな?

**方針**
これからは授業中に関係のないおしゃべりはやめようね。

## 「事実↓心情↓評価↓方針」の順に話をする

**子どもと建設的な反省会をするためには、「事実↓心情↓評価↓方針」の順序に従って話を進めるのがとても効果的です。**例えば、授業中に生徒がうるさくおしゃべりしているケースで見ていきましょう。

上図のような手順になるのですが、事実・心情を飛ばして、「うるさい（評価）。授業中のおしゃべりはやめなさい（方針）」といった評価・方針から入ると、子どもは途端に「指示・命令が降ってきた」と感じてしまいます。怒られるのがイヤで、その場は静かになるかもしれません。しかし、子ども自身が静かにするべきだと納得したわけではないので、遅かれ早かれ同じ失敗が繰り返されるでしょう。あまり怖くない先生であれば、そもそも言うことを聞かないかもしれませんね。ご家庭のしつけでも同じことが言えます。

## ステップ①事実を共有する→ステップ②心情に共感する

なぜ、最初に事実確認をする必要があるのでしょうか？　それは、話の土台となる「事実の共有」から始めないと、そもそも話ができないからです。子どもは自己認識の力（メタ認知能力）がまだ未熟なため、自分がうるさくしている自覚がない場合が多いです。「なんで僕ばかり怒られるんだ！」という不満を言う子もいると思いますが（私も小学生の頃はそう思っていたクチです）、実際にその子がうるさいから怒られるわけです。でも、自分でそのことに気づけていません。ですから、「うるさい！」と叱る前に、まずは「今、あなたの大きな声が授業の邪魔になっているね」と事実を言語化・共有し、自覚させることから始めましょう。

そして次のステップが、心情に共感を示すことです。これは特に重要なステップです。

## まず「事実の共有」から始める

この段階を踏むか踏まないかで、子どもの納得感がまるで変わります。結局のところ、人は理屈ではなく感情で動きます。「僕の気持ちをわかってくれた」と子どもが感じれば、感情的にもその後の方針を受け入れやすくなります。感情すら否定されてしまうと、子どもとしても取りつく島がなくなり、私たち大人のアドバイスも攻撃のように感じてしまいます。そうなると、理屈でどれだけ正しいことを言っても、子どもの心には届きません。ですから、子どもの心情に共感を示すことはとても大切なのです。

この心情に共感を示すことは、子どもを動かすための小手先のテクニックではありませ

## 子どもの心情に共感を示す

ん。私たち大人も、「心情には良いも悪いもない」ということを知って本心から共感し、子どもの気持ちを受け止めてあげなければいけません。例えば、子どもが友達から何かイヤなことを言われて、腹が立って相手を叩いてしまったというシーンを想像してみてください。こうした場合、「怒ってはいけない」「叩きたいと思ってはいけない」と言われても、子どもは納得できません。

あなた自身に置き換えて考えてみても、同僚やママ友、あるいは上司や舅《しゅうと》・姑《しゅうとめ》に何かイヤなことを言われて腹が立つことはあると思います。そんなときに、「怒ってはいけない」と言われても無理ですよね？　あるいは

「怒ったってしょうがないじゃないか」などと言われると、自分の気持ちをないがしろにされたようで余計に腹が立ちませんか？

ですから、子どもに対しても「怒っちゃダメ」「怒っても仕方がないでしょう」などとは言わず、その気持ちを受け止めて、そう感じてしまうのを許してあげてください。ただし、**心情には良いも悪いもなく、どんなことを感じても許されますが、行動には良い行動と悪い行動があり、許されるものと許されないものがあります。**子どもには、この線引きを明確に学んでもらわなければいけません。

## ステップ③事実を評価する↓ステップ④方針を決める

そこで次のステップが、事実を評価することです。相手に腹が立って、叩いてやりたいと思ったのはしょうがない。でも、それを実行したことは正しいのだろうか？　実行して実際にどんな良いことがあっただろうか？　それをお子さんと一緒に確認しましょう。

このとき、大人側の評価の押しつけにならないようにします。そのために、前節でお伝えした「問いを発すること」をうまく実践し、子ども自身で妥当な結論に導けるようにしてあげられるといいですね。「どういう状態・どういう行動が理想だったかな？　理想と比べて現実はどうだったかな？」とお子さんに問いかけていきましょう。

評価を行ったら、最後に今後の方針を決めましょう。「もし、もう一度やり直せるとしたらどうする？」と考えさせて、次に同じような状況になったときにはその行動を実行すると決めて終了です。この手順を踏まえることで、今後の方針に対する納得感が大きく変わります。ぜひ、試してみてください。

**まとめ**

**子どもに納得感をもたせるためには、「事実→心情→評価→方針」の順で話をするのが効果的。「○○すべき」という評価は本人に任せ、我々は「○○である」という事実の描写にとどめよう。そして、子どもの心情は受け入れる。**

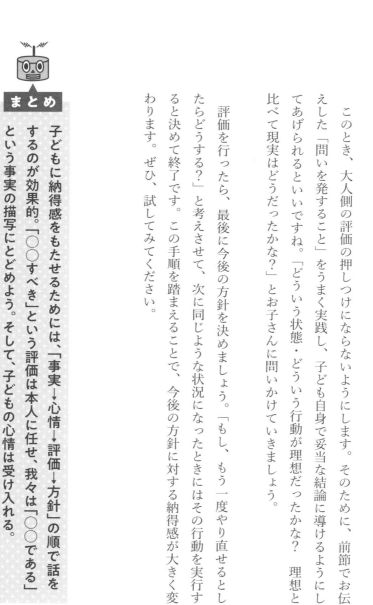

# 2-5 子どもの話を復唱する

問いを発することで、子どもの思考を引き出すことができるようになった。そして、「事実→心情→評価→方針」の順序を守って話をできるようになった。となったら、次に身につけると良いテクニックが「復唱」です。子どもがしゃべった内容を、そのまま繰り返すのです。

簡単なようですが、実際にやってみると意外と難しいのがこのテクニックです。私たちの開催する保護者セミナーでやってもらっても、「問いを発する」「問いの順序」で頭がいっぱいになると、ついついこの「復唱」を忘れがちです。ですが、とても効果的なので、無意識にできるようになるまで練習してみてください。

## 復唱すると子どもに納得感が生まれやすい

まず、一つ目のメリットとして、**子どもと対話をしていく上で、復唱をすると子どもに納得感が生まれやすくなることがあります。**自分が言ったことを相手が繰り返して言う。これにより自分の話を相手がちゃんと聞き、受け止めてくれているという安心感が生まれます。これは、先ほどお伝えした「問いを発する順序」の中の「共感」と同じ効果を生みます。

こちらの言い分を聞いてもらえず、一方的に指示・命令が降ってくる。そんな状況であれば、仮に正論を言われても、感情的には納得できないのが人情です。「復唱」によって、まずは言い分を聞いてもらえているという安心感を与えてあげましょう。例えば、次のような形です。

**親**「友達の○○君を叩いちゃったんだね」

## 復唱によって納得感が生まれやすい

いま宿題しようと
思ってたところなのに
パパが「宿題しろ！」
って言うからイヤに
なっちゃったよ
ママさんの反応：
グッドです！
うんうん
いま宿題しようと
思ってたところなのに
「パパが宿題しろ！」
って言うからイヤに
なっちゃったのね。
それは腹立つわよね

**子**「だって○○が僕にバカって言ったんだもん！」

**親**「バカって言われたから、○○君を叩いちゃったんだね（復唱）。そんなイヤなことを言われたら、たしかに腹が立つよね（共感）」

子どもが何か言ったとき、「いいから黙って聞きなさい！」「言い訳をするんじゃありません！」などと、いっそう怒ってしまうことって多いですよね。その気持ちはわかります。理由としてふさわしくない、筋が通っていないことも多いですから、言い訳をされると余計に怒りたくなるものです。

しかし、それはお子さんの成長を促すためには得策ではありません。自分の言い分を聞いてもらえないとなったら、子どもは反発してこちらの言うことを聞かなくなります。どうせ何を言っても怒られるだけと思えば、黙り込むだけです。子ども自身に話をさせて、脳を使わせて鍛えようという目的から遠ざかることになってしまいますね。ですから、怒りたくなる気持ちをグッとこらえて、先ほどの例のように子どもが言ったことをそのまま復唱してみてくださいね。

## 復唱すると子どもが自分の話のおかしさに気づきやすい

復唱の二つ目のメリットは、**子どもが自分で「おかしなことを言っている」と気づくきっかけになる**ことです。先ほどの例で言えば、「○○がバカと言ったから叩いた」という部分。これはたしかに、事実関係・因果関係としてはそうなのかもしれません。しかし、「友達にイヤなことを言われたから叩くのは人として正しい行動か」と問われれば、それは違いますよね。

## 復唱によって自分の話のおかしさに気づきやすい

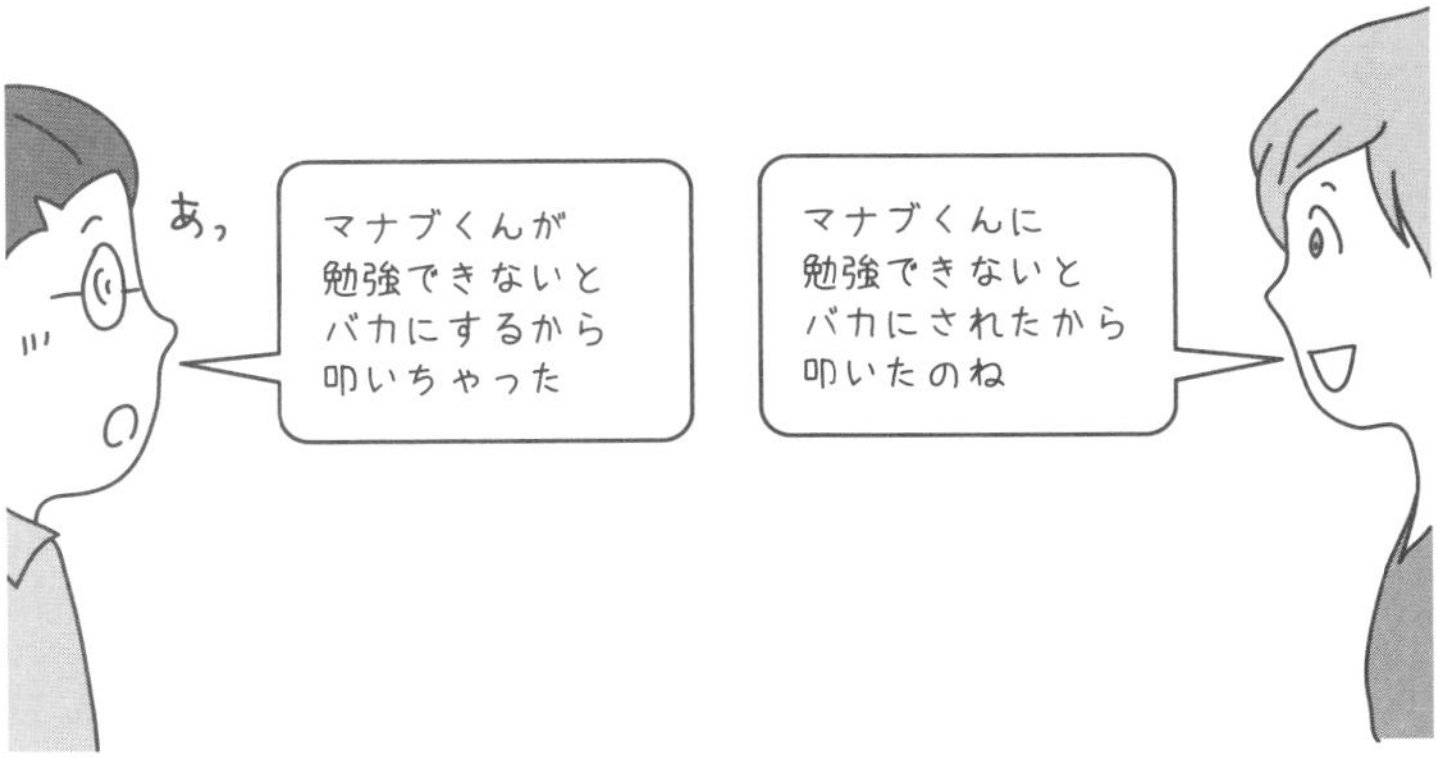
マナブくんに
勉強できないと
バカにされたから
叩いたのね
あっ
マナブくんが
勉強できないと
バカにするから
叩いちゃった

じつは私たち大人が教えるまでもなく、子どももそのくらいはわかっています。3章3節でもくわしく書きますが、子どもは「理屈では正しいこと」を理解してはいます。ただ、正しいことを実行するのが難しいというだけなのです。

私たち大人でも同じではありませんか。誰だってお酒は飲み過ぎないほうがいい、甘いものは食べ過ぎないほうがいい、とわかっています。しかし、我慢できない人はたくさんいます。そうした人たちに、「飲み過ぎてはいけないよ」と言っても効果はほとんどないでしょう。子どもにも、「叩いてはいけないよ」と言っても効果は低いのです。

そこで、「復唱」が効果を発揮します。**自分の言ったことを復唱されて耳で聞くことで、自分の言葉を客観的に受け止めることができます。**すると、自分がおかしなことを言っていると気づくチャンスが生まれます。「飲みたかった」「食べたかった」「叩きたかった」、そうした感情に流されて行動した。その行動は正しいと思い込んでいたけれど、じつは正しくない行動だった、と。なにしろ、もともと理屈では正しい行動は何かを知っているのですから。

自分の行動・考え・発言を客観視する力、これこそ私たちが子どもに身につけてほしい力の一つです。子どもの言ったことを復唱することで、その力が育つのを助けてあげられるというわけです。心情的な納得感や安心感を与えるためにも、子どものメタ認知能力を育てるためにも、復唱は大きな効果を発揮しますので、ぜひ実践してみてくださいね。

**まとめ**

**復唱をすると、子どもは「聞いてもらえている」という安心感を抱き、納得感も得やすい。また、おかしなことを言ったときには自分で気づくきっかけにもなる。子どもが言ったことを、そのままオウム返しするようにしよう。**

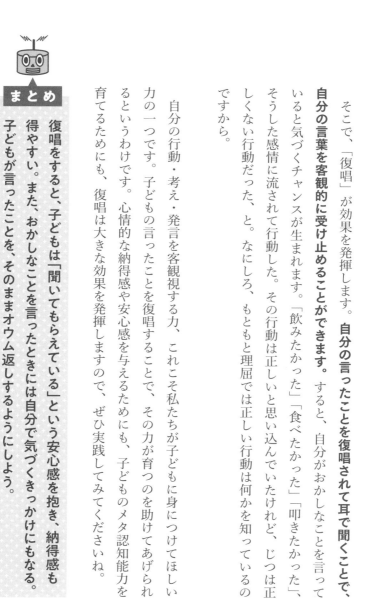

# 第3章

# 学力アップにつながる子どものやる気

テレビはこれが終わってからにしような
は〜い…
ダラダラ
今日は一応やっているけど…
目が死んでるな〜
ボケ
翔太のやる気スイッチは一体どこだ…
ティーチャー、どうしたら翔太はやる気になるんだろ
…
翔太くんを分析します
ピカー
解析しました
翔太くんのやる気に「内的要因」が欠乏しています
へ?
ナイテキヨーイン?
もうちょっとわかりやすく説明してよ
イージーモードに切り替えます
「それ自体が好きだから学びたい」これが内的要因です
・内的要因
内容それ自体を面白いと思って熱中している
算数好き
歴史好き
しかし翔太くんは「テレビを見せてもらいたいから勉強している」これは外的要因です
・外的要因
報酬のために勉強をしている
テレビを見るために
ゲームをするために

もういっそテレビを見せないことにするか…
えっ!?
ちょっと何してるの?
パパ!!
やめて
テレビを取り上げても学習時間は増えないと報告されています
じゃあどうすればいいんだよ～
このままじゃ翔太がっ
テレビ捨てちゃダメ～
内的要因ねえ…
ねえティーチャーどうしたらその内的要因を育てられるの?
自律性・関係性・有能感を持たせることです
その通りです
やりたくなる気持ちを育てるってこと?
ピッ
説明を映写します
ピカー
①自律性…「自分のすることは自分で決めたい」という欲求
②関係性…「他人と良い関係を築きたい」「他者に貢献したい」という欲求
③有能感…「自分はこの目標を達成することができる」という感覚
便利!
お～
すご～い
これって人が幸福を感じる要因そのものね
この三つを獲得する子どもへの聞き方・話し方について解説します
アラ
ふ～ん?
翔太が幸せになるために、親ができることがあるのか?
あります
ではこれよりくわしい解説に入ります
ウィィ…
解説モード始動!

# 3-1 子どもの「なんで勉強しないといけないの？」①

お子さんに「なんで勉強しなくちゃいけないの？」と言われたことはありますか？　ご自身の子ども時代を思い出すと、自分が親に聞く側だったことがあると思います。私も言ったことがあります。この問いに、どう答えていますか？

そして、もしあなたが逆にお子さんに「なんで勉強しなくちゃいけないと思う？」と聞き返すとしたら、どう答えてほしいですか？　いったんこのタイミングで自分なりの答えを作って、次ページに書き込みましょう。それから続きを読んでくださいね。

## 子どもが勉強すべき二つの理由

## 「なんで勉強しないといけないの？」に対する回答

① 高い学歴を得て、将来得る収入を増やすため

② 勉強が楽しいから

**あなたの回答**

……………………………………

……………………………………

……………………………………

……………………………………

……………………………………

一般的な回答は、大きく二つに分けると次のようになります。

### ①現実主義的回答：「高い学歴を得て、将来得る収入を増やすため」

いわゆる「学歴社会」が今も続いていると言えるのか、今後も続いていくのか、確実なことは言えませんが、「高い偏差値の中学校・高校→高い偏差値の大学→高い収入の大企業」というイメージは、多くの方が持っているはずです。実際に、これを挙げる小学生は一定数います。すでに現実的な感覚を持っている、ということですね。

開成中に入ったばかりの中学一年生のと

き、知り合って間もない同期の生徒が「公務員になって安定した収入を得るんだ」と言っていて驚いたことがあります（Facebookで確認したら、たしかに省庁勤めになっていました）。おそらく、親に刷り込まれていたのでしょう。「将来の選択肢を増やすために、できるだけ高い偏差値の学校へ進学しよう」も、比較的こちらに近い回答です。

## ②理想主義的回答：「勉強が楽しいから」

これこそ「理想の回答」だと思います。しかし、これを答える親は意外と少ないです。私は「学びを楽しくする伸学会」として情報発信を続けてきたので、今でこそ保護者向けセミナーでこの答えを提示すると、「そうですよね！」という反応も増えてきました。ですが、以前は「あぁ、そういう答えもあるなぁ」と驚き交じりの感想をいただくことのほうが多かったです。

エジソンやアインシュタインといった天才が、一心不乱に研究に打ち込む姿や幼い頃から好奇心の塊のように過ごしてきた姿をイメージすれば、これが理想の答えであることに異論はないと思います。ただ、理想的過ぎて「自分の子どもがそうなるとは思えない」と無視されてしまいがちなのかもしれません。

これらは、どちらかが正解ということではありません。むしろ、どちらも正解です。この二つは両立するもので、同時に求めても何ら間違いではないのです。「楽しく勉強して、結果的に多くの選択肢を持っている」のが最も良いですよね。

## 人生が楽しくなる「勉強する理由」

ちなみに、もし私が勉強する理由について問われたら、次のように答えます。

- 学ぶことで能力や知識が身について「できる自分」が広がる
↓
- 次の目標とする「なれる自分」の選択肢が広がる
↓
- 知識を得ることで視野が広がり、「なりたい自分」も広がる

## 現実主義的かつ理想主義的な回答

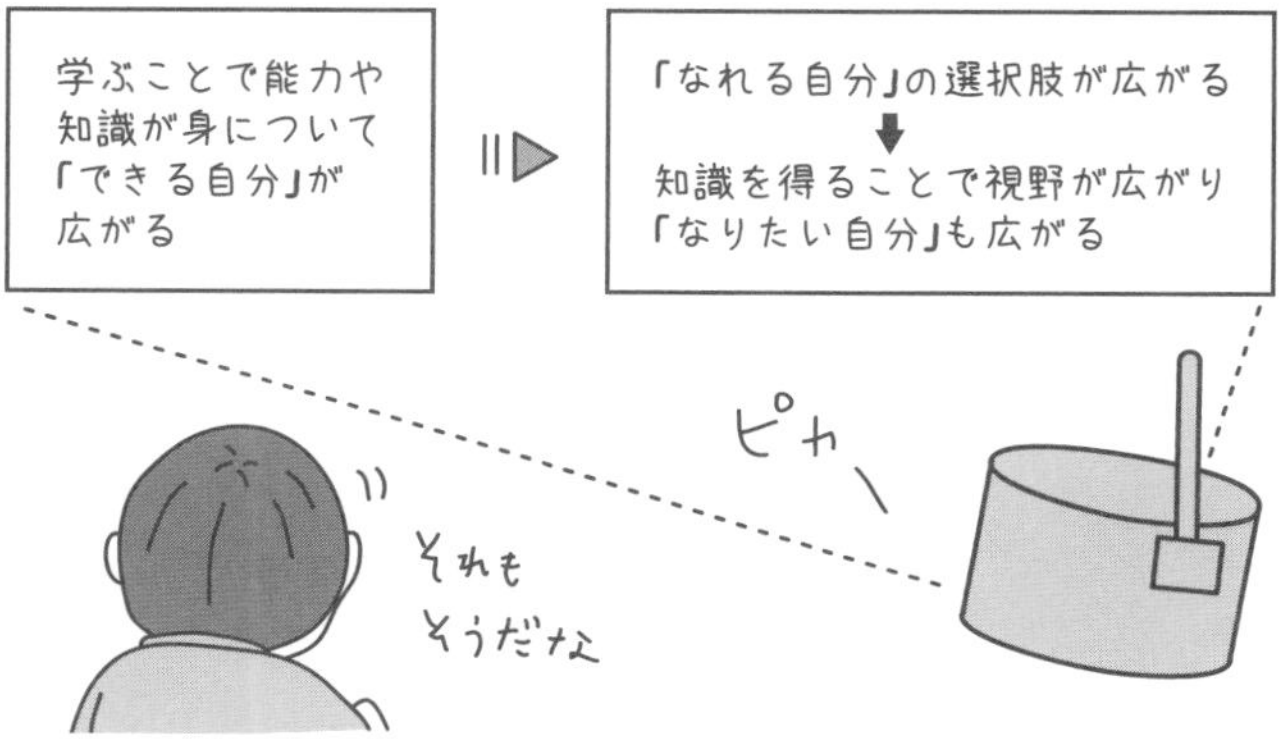
学ぶことで能力や
知識が身について
「できる自分」が
広がる
「なれる自分」の選択肢が広がる
知識を得ることで視野が広がり
「なりたい自分」も広がる
ピカ
それも
そうだな

例えば、小学生の人気職業は「小学生が知っている職業」に限られます。「スポーツ選手」「YouTuber」「医者」「教師」「ゲームクリエイター」など、いずれも小学生の視野に入る職業です。

それに対して、学ばなければ見えない職業もたくさんあります。例えば、「サッカー選手」の周囲には「サッカーに関わる様々な職業」が隠れています。栄養管理、試合の宣伝、スタジアムの設計、全体の経営、どれも学ぶことで初めて見えてくる職業です。これらは不人気なのではなく、そもそも知られていないのです。

この答えは、勉強をすることで選択肢が広がるという点では現実主義的回答とも言えますが、なりたい自分になり楽しい人生を実現するという点では理想主義的回答と言うこともできるかもしれません。楽しく勉強して多くの選択肢を持ち、その結果、人生がさらに楽しくなる。素晴らしい循環ですね。

## モチベーションにつながる二つの動機づけ

さて、現実・理想の二つの回答ですが、これはモチベーションの科学における二つの動機づけ（行動の理由）に対応しています。それが、「外発的動機づけ」と「内発的動機づけ」です。

外発的動機づけとは、自分の行動が外部（他人や環境）の報酬《ほうしゅう》・命令によって生じている状態のことです。例えば、「次のテストで満点を取ったら、ゲームを買ってもらえるから勉強する」という子は、ゲームという報酬のために勉強をします。これは他人からゲームという報酬を与えられないと勉強しない、ということでもあります。

目的はゲーム、勉強はあくまで手段です。目的が達成されたり、なくなったりしたら終わるものですね。「学歴を得るために勉強する」も、この外発的動機づけにあたります。目的は学歴ですから、受験が終わって目的が達成されたら終わり、ということも起こりがちです。

内発的動機づけとは、自分の行動が完全に自律的で、興味から生じている状態のことです。例えば、「新しい情報を得たい（知的好奇心）」「なぜなのか、物事のつながりを知りたい（理解欲求）」「前よりうまくなりたい（向上心）」などが、内発的動機づけに含まれます。いわゆる「動物博士」や「鉄道博士」のイメージです。好きで没頭した結果として知識が増えていき、「博士」と呼ばれるようになるわけですね。

暇さえあれば本を読みたがる「本の虫」も、内発的動機づけで動いている例です。これらは行動それ自体が目的になっています。飽きてしまって終わることもありますが、興味が続く限りは際限なく行動を続けることが期待できます。

## 成績アップのために身につけてほしい内発的動機づけ

**学習に対しては、内発的動機づけを持ってもらうのが望ましいです。**内発的動機づけを持っていると、外発的動機づけだけで行動している場合に比べて、行動の量も増え、質も高まるからです。

終わらせないとテレビを見せてもらえないから宿題をする子は、宿題以外の勉強までしようとは思わないでしょう。ましてや間違えた問題を深堀りして理解しようとしたり、ちゃんとできるようになっているかの確認のための解き直しをしたりはしません。テレビを見せてもらうために、表面的に宿題を片づけるだけで終わりにします。それでは成績は伸びませんよね。

それに対して、算数好き・歴史好きなど、内容それ自体を面白いと思って熱中している子は、もっと難しい問題を解きたい、もっとくわしく知りたいと、より質の高い勉強をた

## 成績が伸びやすい内発的動機づけ

翔太くんが、「怒られないため」に
最低限の勉強をこなすより、
本人が内容に熱中しているほうが
質の高い勉強につながります
な、なるほど…

くさんするようになるでしょう。また、「もっとできるようになりたい！」という向上心が原動力になっている場合には、より成長するための練習法・学習法について考えるようになるので、いっそう成長が早まります。

こうした子に対しては、周りの大人は学習アドバイスをすればよいだけです。あとは、本人が自分の意欲のままに成長していきます。ですから、子どもには内発的動機づけで勉強するようになってほしいのです。

そして、**子どもが内発的動機づけで勉強するように導くためには、子どもへの接し方がとても大切になります。**内発的動機づけと外発的動機づけは両立し得るものですが、両立しない場合もあります。典型的なのは、「怒られるのがイヤで勉強している場合」です。「怒られたくない」というのは外発的動機づけですが、こうした理由による「やらされ感」は内発的動機づけを殺す最も大きな要因です。次節でくわしく説明しますので、内発的動機づけのメカニズムを知り、内発的動機づけを育てるほめ方・叱り方をしていきましょう。

また、動機づけに関しては、『小学生の子が勉強にハマる方法』の2章でも別の角度からくわしく説明していますので、そちらも参考にしてくださいね。

**まとめ**

**勉強の動機づけには、「外発的動機づけ」と「内発的動機づけ」の二つがある。勉強の質・量ともに高めるために、「内発的動機づけ」を育てよう。**

# 3-2 人が幸せを感じる三つの要素

内発的動機づけは、自分の中から出てくる「やりたい」と思う気持ちです。気持ちは、他者が命令してコントロールすることはできません。ピーマンが嫌いな子に我慢して食べさせることはできても、「好きになりなさい」と命令して好きにさせることはできません。逆に、お菓子が大好きな子に、「お菓子を嫌いになりなさい」と命令しても嫌いにはさせられません。それと同じことです。子どもに「やりたい」と思ってもらうためには、人はどういうときに「やりたい」と感じるのかを知って、それを満たす必要があるのです。

## 子どもに「やりたい」気持ちを持たせるために必要な三つの要素

では、人が「やりたい」と感じるのはどんなときでしょうか？　心理学者のエドワード・

L・デシは、内発的動機づけは三つの要素から成り立つと説きました。その三つとは自律性・関係性・有能感です。これらは人が幸せを感じる条件とも深く関わっています。

**①自律性**…「自分のすることは自分で決めたい」という欲求
**②関係性**…「他人と良い関係を築きたい」「他者に貢献したい」という欲求
**③有能感**…「自分はこの目標を達成することができる」という感覚

ちょっと想像していただくと、この三つが満たされている状況であれば、人は幸せを感じるであろうとわかりますよね。あなたがもし、自分がやりたい仕事をしていて、職場や家庭で周囲の人々と良い関係を築けていて、そして職場のチームや家庭の中で力を発揮して活躍できているとなったら、きっと人生に幸せを感じるのではないでしょうか。

逆の場合を考えてみましょう。自律性も関係性も有能感もない職場はどうでしょうか。パワハラ気味の嫌いな上司(②関係性がない)が、達成できそうにないほど難しいノルマ(③有能感がない)を有無を言わさず課してくる(①自律性がない)、といった状況です。

## お子さんの「やりたい」気持ちに必要な自律性・関係性・有能感はある？

塾！
宿題！
パパが決めた塾…
自律性がない
先生もコロコロ…
友達もなかなかできない…
関係性がない
合格判定はいつも20〜30%
合格判定 20〜30%
有能感がない

イヤな感じがしてきますね。

子どもの場合に置き換えてみましょう。親が決めて自分の意志とは関係なく始まった受験勉強（①自律性がない）で、塾と学校から出された宿題を言われるままに必死にこなす日々（①自律性がない）。塾ではクラスがよくアップダウンし、座席も成績によって頻繁《ひんぱん》に変わるので友達もなかなかできず（②関係性がない）、先生もコロコロ変わるので信頼関係を築けない（②関係性がない）。志望校の合格判定はいつも20〜30％でどうやら目標達成は困難そう（③有能感がない）。

いかがでしょうか？　こんな状態では勉強

がつまらないのも当然だと思いませんか。こうならないよう、自律性・関係性・有能感を子どもに持たせる働きかけをしましょう。どのようにアプローチするとよいのか、一つずつ説明します。

## 子どもに「自律性・関係性・有能感」を持たせるコツ

### ①自律性…自分で選択する機会を与えられ、選ぶこと

これが一番重要です。親が「受験が近いので、学習量を増やしたほうがいい」と思ったところで、本人がそう思わなければ「学習量を増やす」という選択はされません。本人が勉強をしたいと思っていない状況では、ゲームをとりあげてもテレビへ、テレビをとりあげてもマンガへ、と流れていくだけで、学習時間は増えないのです。ベストセラーとなった『「学力」の経済学』の著者・中室牧子教授の調査研究でも、テレビやゲームを1時間やめさせることによって増加する勉強量は、最大で3分もなかったそうです。

親ばかりが焦っても仕方がありません。子どもには情報を与えて自分で考えさせましょ

子どもに自律性を持たせるコツ
こんなにたくさん間違えて！
もっと勉強しないと！
パパさんの主観
翔太のやる気：低下
テストの半分を間違えたという事実のみ伝え、それを評価して計画を考えるのは翔太くんに任せましょう

う。このとき、親の主観を伝えても効果はありません。むしろ、主観を押しつけられれば、子どもは反発したくなります。「あと半年しかないよ」「あと3ヵ月しかないよ」と言っても、「そうか、残り時間は短いから勉強しなきゃ！」とはならないのです。

まずは、親自身の発言から主観を取り除く努力をしましょう。その上で、主観は子どもに任せます。「あと2ヵ月だから、だいたい8週間だね。君は第一志望の過去問の合計点が、あと30点足りなかったね。となると、1週間に4点以上アップするために、何をしているかな（すればいいかな）？」。このように、事実を伝えるだけにとどめ、それを評価して計画を考えるのは子どもに任せるのです。

子どもがまだ幼く、そこまで未来を見据えた選択が難しいと思ったら、裁量を狭めて選ばせましょう。例えば、「朝、勉強するのは国語と算数のどちらにする？」とか、「理科の勉強は、ご飯前とご飯後のどちらにする？」といった形です。最初は選択肢を与えることから始めて、選択の機会を徐々に広げていき、最終的には何をするか自分で選べるところまで導いていけるといいですね。

## ②関係性…信頼している人のアドバイスを、自分に取り入れようと思うこと

私も一講師として、生徒との信頼関係を作ることを大事にしています。重要なのは、「話を聞くこと」です。休み時間や入室・退室時に軽い会話をすること、そして生徒が話したい内容をそのまま遮《さえぎ》らずに聞き、共感を示すことで、「この先生は話を聞いてくれる」と思ってもらいたいのです。

信頼は「会話を聞いてもらえている」ことで決まります。お子さんの会話をどれくらい

## 子どもに有能感を抱かせるコツ

翔太！
たくさんやろうなぁ！
できそう、と思えないと
意欲は出ません。
スモールステップで
始めましょう

聞いていますか？　途中で遮って、「結局こういうことでしょ」「それはダメじゃん」などと言ってはいませんか？　子どもの話の腰を折ることが続くと、「親に話すのは面倒くさいからイヤだ」「どうせ否定されるし…」と思われるようになってしまいます。そういった状態では、こちらの言うことを聞いてくれません。

### ③有能感…自分に着手できそうだ、達成できそうだと思えること

人は、「できそう」と思えないと意欲が出ないものです。親の焦る気持ちのままに、いきなり大量の課題や難しい課題を選択させようとしても無理があります。子どもの現状の

実力でできそうなところから、徐々に階段を上がっていくつもりで学習を進めましょう。「できそう」という自信（自己効力感）は、子ども自身の成功体験から培《つちか》われるものです。スモールステップで課題を与え、成功するたびにほめていけば、自信と実力を一緒に高めながら気分よく学習に向かえます。

1章でお伝えしたように、子どもは自分の成長に気づきにくいものです。成功体験に気づかずに通り過ぎてしまわないよう、私たち大人が子どもの成長を教えてあげることが必要だと忘れないようにしましょう。

**まとめ**

**内発的動機づけ（自分の中からのやる気）は、「自律性＋関係性＋有能感」でできている。自律性を高めるために、自己選択の機会を与えよう。関係性を高めるために、子どもの話をよく聞こう。有能感を高めるために、実力相応の課題から始め、できるたびにほめよう。**

# 3-3 子どもの「なんで勉強しないといけないの？」②

先ほども一度扱ったこのセリフについて、もう一つお伝えすることがあります。このセリフ、本当の意味での「疑問」ではありません。なぜなら、子どもはすでに答えを知っているからです。生徒に「友達や後輩に聞かれたら、どう答える？」と聞いてみると、面談で親御さんが言っていたのとだいたい同じ答えが返ってきます。その子の保護者さんがいかにもお答えしそうなので、毎回聞くたびに不思議な気分になります。

では、答えを知っているのに、子どもはなぜこれを聞くのでしょうか？　それは、このセリフが「面倒くさいなぁ、つまらないなぁ」という不満、愚痴《ぐち》を表しているからです。子どもが目の前の課題に対して感じているコストやハードルと比べて、メリットを感じられないときに出るセリフなのです。ですから、勉強をするべき理由を答えてあげたところ行動を左右する「心の天秤」

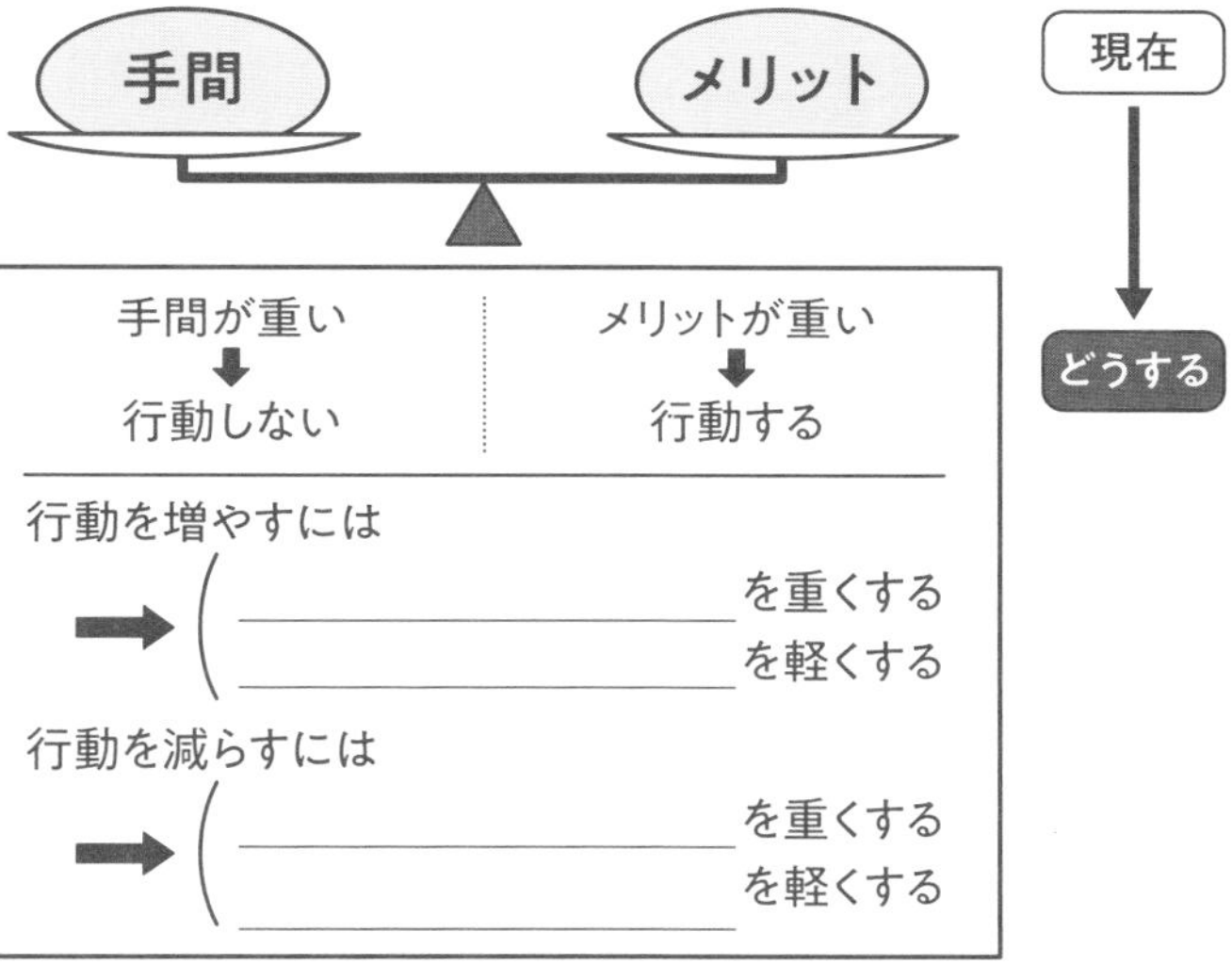
手間
メリット
現在
どうする
手間が重い
行動しない
メリットが重い
行動する
行動を増やすには
を重くする
を軽くする
行動を減らすには
を重くする
を軽くする

で意味はないのですね。

## 勉強の手間とメリットを視覚化する

そういうときは、手間とメリットを冷静に比べられるよう、視覚化してみてはいかがでしょうか。天秤《てんびん》に手間とメリットがのっている図を書きます。その上で、現状感じている手間とメリットを箇条書していきます。一通り書き終えたら、手間を減らす工夫、メリットを高める工夫を考えて書き足し、行動しようと思えるようにするのです。

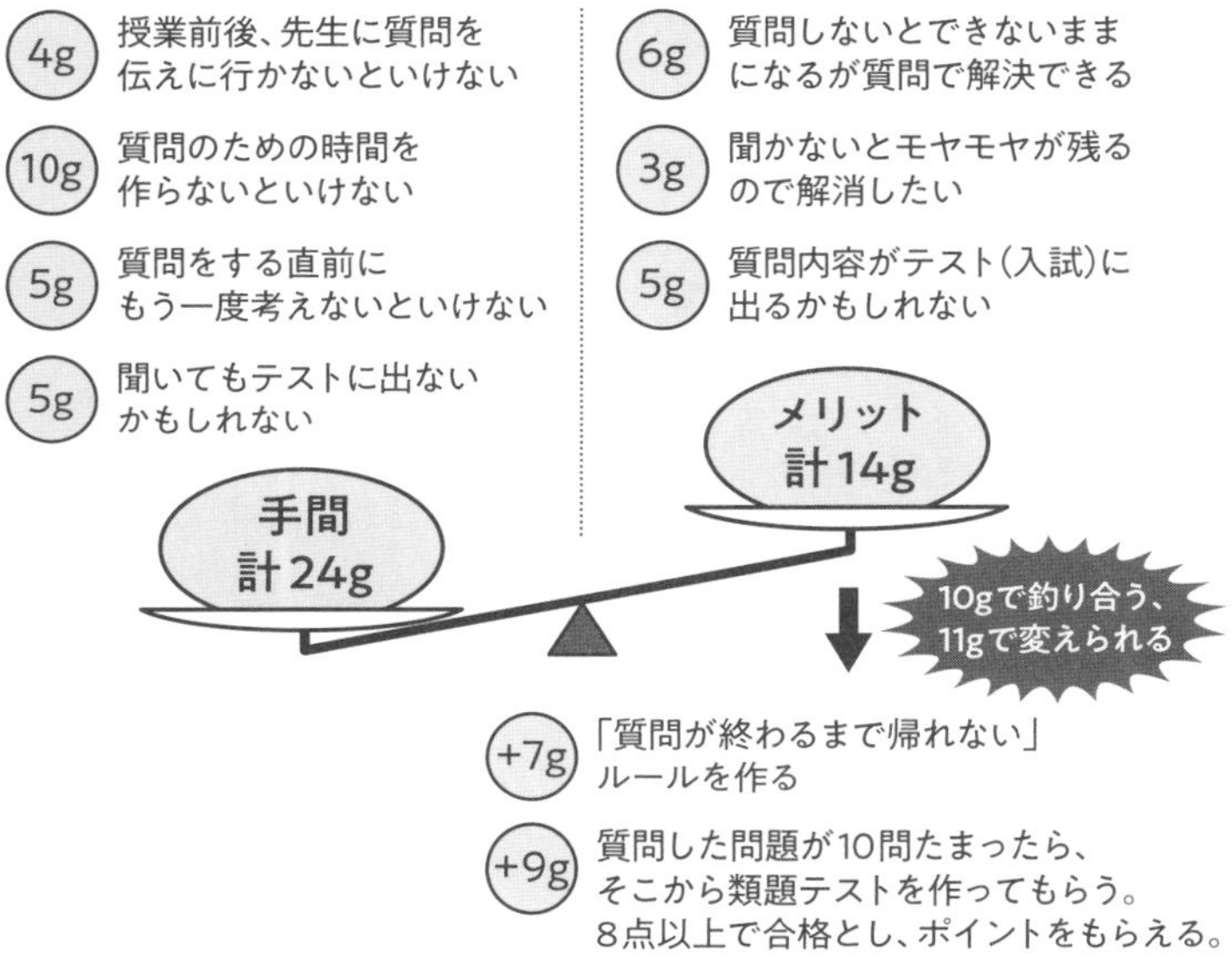
4g 授業前後、先生に質問を伝えに行かないといけない
10g 質問のための時間を作らないといけない
5g 質問をする直前にもう一度考えないといけない
5g 聞いてもテストに出ないかもしれない
6g 質問しないとできないままになるが質問で解決できる
3g 聞かないとモヤモヤが残るので解消したい
5g 質問内容がテスト(入試)に出るかもしれない
メリット 計14g
手間 計24g
10gで釣り合う、11gで変えられる
+7g 「質問が終わるまで帰れない」ルールを作る
+9g 質問した問題が10問たまったら、そこから類題テストを作ってもらう。8点以上で合格とし、ポイントをもらえる。

実際に生徒が作った天秤をお見せします。この生徒は、「講師に質問するのが面倒でつい質問しないままにしてしまう」ということでした。そこで、質問することに対する手間とメリットを考えてもらいました。メリットとしては、「質問しないとできないまま」「テスト（入試）に出るかも」「モヤモヤが残る」などの問題点の解消でした。

それに対して、手間としては「テストに出ないかもしれないのに質問は面倒くさい」「時間を作るのが面倒くさい」「もう一度考えるのが面倒くさい」「先生に伝えるのが面倒くさい」といった内容でした。

これらを比較して、メリットをより重くする方法、手間を軽くする方法を考えてもらいました。そして、メリットを増やすために「質問した問題が計10問正解できたらポイントがもらえる」や、質問がある日は最初に申告して「質問が終わるまで帰れない」というルールを自分に課す、など工夫をしました。この生徒の天秤の面白いところは、それぞれの手間とメリット一つひとつについて重さを設定したところですね。どれくらいの重さのメリットを用意すれば、やる気になれるかが計算できてわかりやすそうです。

こうしてメリットと手間を比較できるのは、2階の脳を働かせることができているということでもあります。メリットをたくさん書き出せるのは、「勉強」「先生への質問」といった行動すべき理由を、理性によって理解できているということです。また手間に関しても、自分がどんなことに「面倒くさい」「イヤだな」と感じているのか、その感情を客観視できています。これもまた2階の脳の理性的な働きです。

生徒は私たちが宿題として提示した課題に対して、何でもかんでも「そんなにー？」と言う傾向があります。しかし、それぞれの課題に対して、どれくらい時間がかかるか、どれくらい手間がかかるかを計算させると、だいたいの場合「意外と大したことない」と気づいてくれます。つまり、「多そうに感じる」のは1階の脳の感情的な反応、または反射なのですね。あたかも「朝三暮四」[※]の故事にあるサルたちのように、動物的な1階の脳が勘違いをしているのです。

「朝三暮四」のサルたちを非理性的な愚かな生き物と笑う私たちも、じつは同じような反応をしがちです。結局いつかはやらなければいけないのだから、すぐにやっても同じことなのに、後回しにしたことがあるのではないでしょうか。完全にサルの行いです。勉強などは、まさに後回しにするほど〝借金〟が増え、気づいたときには返済が大変なことになっています。そうならないように、「天秤」で理性的な比較ができるようになりたいものです。

## 時間割引に負けないように比べる

※宋に住む狙公という男がサルにトチの実を与えようとして「朝三つ、夜四つにするぞ」と言うと、サルたちは怒った。そこで「それでは朝四つ、夜三つにしよう』と言うと、サルはみな喜んだ、という故事に由来し、目先のささいな違いに気を取られて最終的には同じことに気づかないという意味のことわざ。

この天秤の左右の皿にのるものは、ある行動のメリットとデメリットとは限りません。片方に「勉強」、もう片方に「ゲーム」「テレビ」など、将来的な理想を実現するための行動と、目先の満足感のための欲求を比べることもできます。「勉強」のほうを重くするために、勉強をするとどんな良いことがあるのかを、一つひとつ書いてみるといいでしょう。

「成績が上がってクラスが上がる」「お母さんが喜ぶ」「友達に自慢できる」「できなかった問題ができるようになった達成感」「行きたい中学校に合格できる」「中学校に入学してから○○部で楽しい部活ができる」「将来なりたい○○に近づく」などなど、思いつく限り書いてみましょう。先ほどの子のように、重さも○gと書くとなおいいですね。

こうして様々なメリットや、その重さを書いてみると、多くの子が「ゲームの満足感」よりも、「○○中学校合格」のほうが重いと書きます。それなのに、多くの子はいざとなると合格するために勉強するより、目先の楽しみのためにゲームをしてしまいます。なぜなのでしょうか？

時間割引に負けないように比べる

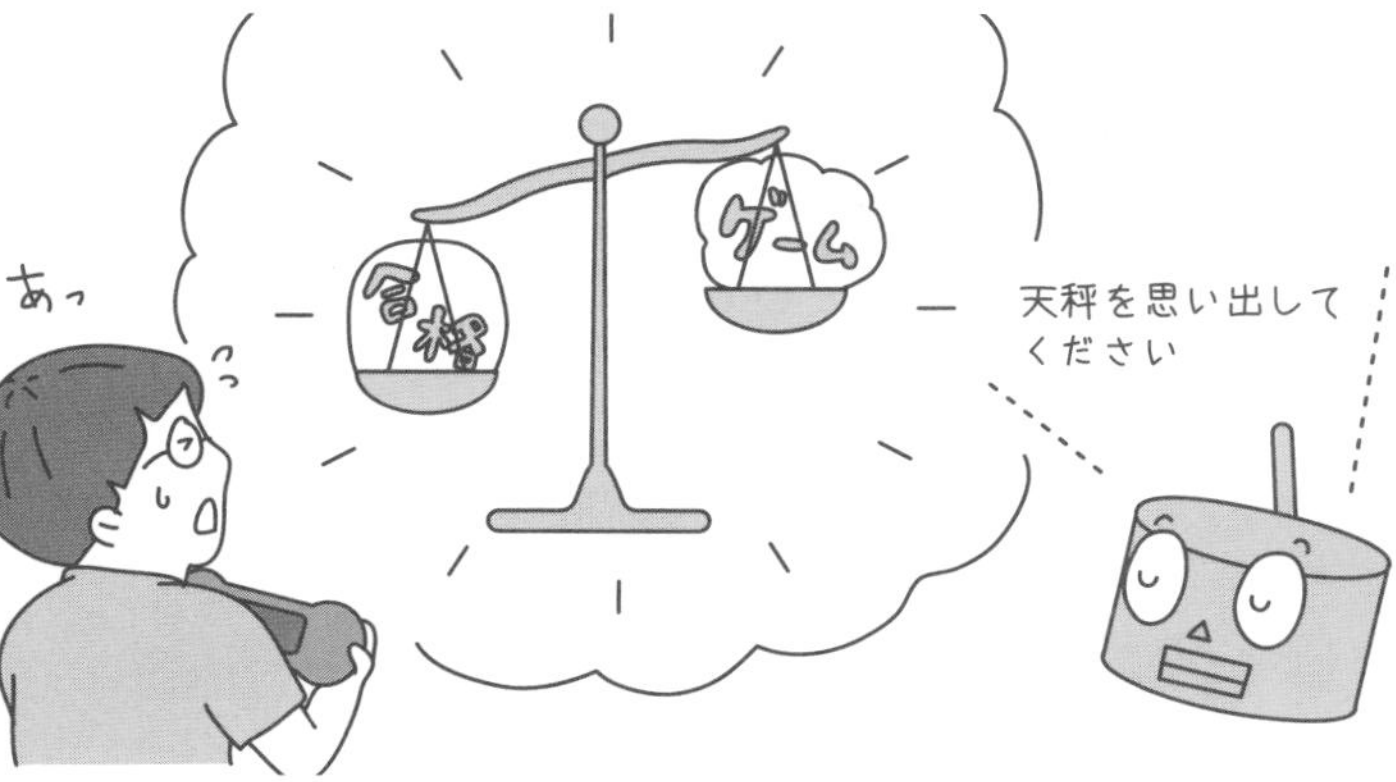


それは、ちゃんと書いて比べてみないと、ゲームのほうが重く感じるからです。目先のもののほうが大きく重く感じられ、遠くのものは小さく軽く見えるのです。実際の遠近感と同じですね。これは心理学で「時間割引」と呼ばれます。**時間割引に負けないようにするには、遠くにある理想の状態を目の前まで持ってきて天秤にのせて、目先の欲求と冷静に比べるのが効果的です。**そして、「ゲームがやりたくなったら天秤を思い出す」というように、自分に対してルールを課しておきましょう。

比較的取り組みやすいと思うので、ぜひやってみてください。これを書かせてみると、子どもが勉強のメリットと手間として、それぞれ何を感じているのかが見えてくると思います。お子さん自身にも気づきがあるでしょうし、親子で話し合って解決策を考える糸口にもなるのではないでしょうか。

また、子どもにやらせる前に、あなたが面倒だと思っていることを書いて、視覚化してみてもいいでしょう。実際にやってみると、親自身もそうそう理想的な行動ができているわけではないことに気づき、子どもに優しくなれるかもしれませんよ。試してみてくださいね。

**まとめ**

**子どもも「なぜ勉強するのか？」はわかっているが、目の前の手間と天秤にかけて面倒に思っている（大人も同じ）。天秤を図に書かせて視覚化することで、冷静に手間とメリットを比べられるようにしよう。**

## 3-4 子どもの脳を育てるための話し方のコツ

ここまで、子どもの脳を育てるための聞き方のコツについて書いてきました。親はなるべく話さず、子どもに話をさせようということでした。しかし、伝えるべきことは最低限伝えなければいけません。そこで、効果的な話し方の三つのコツを覚えてください。

### 「ダメ」ではなく、「条件つきいいよ」と言う

一つ目のコツは**「ダメ」と言わない**こと。子どもにとって「ダメ」は自分の考えの否定です。子どもは攻撃されたと受け止めて、1階の脳のスイッチが入り、2階の脳の働きが止まります。つまり、理性の脳が育たなくなってしまうのです。ですから、対話の中で子どもが「こうしたい」という希望を言ってきたとき、それが認められない場合にも、まず

## 「ダメ」ではなく、「条件つきいいよ」と言う

ゲームしたい～
ダメだよ
明日にしなさい
こんな時間だろ？
そこは、「いいよ。ただし明日ね」と言ってください

は「○○したいんだね」と子どもの気持ちを認めてあげることから始めましょう。

例：夜遅くにゲームをしたいと言った場合

×「ダメだよ。明日朝起きてからにしなさい」

○「ゲームしたいんだね。ゲーム楽しいもんね。やるのはいいけど、今じゃなくて明日朝起きてからにしようね」

結論は同じですが、その前に共感的なメッセージがあると子どもの受け止め方が変わります。ただ、「条件つきいいよ」で伝えても、子どもが「今やりたい！」と粘ることもあります。そのときは、「今ゲームがしたいんだね。

気持ちはわかるよ。いいけど、明日の朝起きてからにしようね」と再度伝えます。結局伝えているのは「ダメなものはダメ」ということですが、「共感／復唱」＋「条件つきいいよ」にすると、「ダメ」に比べて、子どもが癇癪《かんしゃく》を起こしにくくなります。

## ワン・メッセージに絞る

二つ目のコツは**一度に多くのことを伝えない**ということ。多くの大人がやってしまいがちなことに、一度の機会にあれもこれも教えようとすることです。しかし、多くを伝えようとするほど、それぞれの印象は薄れます。子どもは結局何を言われたのか理解できなかったり、先に言われた内容は忘れてしまったり、といったことが起こります。もちろん、私たちが話すほど子どもに話をさせる機会も減ってしまいます。ですから、本当に伝えたいことを一つだけ決めて、それ以外のことは別の機会に回すようにしましょう。

## I（アイ）メッセージで伝える

## Youメッセージではなく、Iメッセージで伝える

Iメッセージ
そこは、主語を「私」にして
「宿題をちゃんとやっていなくて
私は悲しい」と伝えましょう
Youメッセージ
なんで宿題を
ちゃんとやらないんだ？
白紙じゃないか！
えっと…

三つ目のコツは**主語を「私」にする**こと。

これはコーチングの手法でもよく言われるので、ご存知の方も多いでしょう。人は怒ったとき、相手を主語にしたYou《ユー》メッセージで話しがちです。例えば、「(おまえは)なんで宿題をちゃんとやらないんだ?」といった具合です。これは形式としては疑問文ですが、相手を非難するニュアンスが含まれています。あるいは、「宿題をしろ」という命令としても受け取れます。これでは言われたほうはいい気分はしません。繰り返しお伝えしているように、人は誰かに言われた通りに行動するのは嫌いなものなのです。

これをI《アイ》メッセージに置き換えると、「宿

題をちゃんとやっていなくて私は悲しい」となります。この言い方だと、あくまで自分の気持ちを言っているだけです。相手を責めることもありません。命令されているわけではないので、ちゃんと選択権が残されています。宿題をしてもいいし、しなくてもいい。

でも、多くの子は親や先生の期待を裏切って悲しませたとなると、申し訳なさを感じて宿題をしようという気が起きるものです。してしまったこと、あるいはしなかったことを叱る場合でなく、これからするべきことを伝える場合にも同様です。「テスト前なんだから勉強しなさい」というYouメッセージよりも、「テスト前だから勉強してくれると、私はうれしいな」というIメッセージのほうが効果的です。

どれもちょっとした小さなコツですが、話をする上で子どもに大事なことをちゃんと伝えるためのポイントです。今日から話すときに意識してみてくださいね。

**まとめ**

**話すときには、「条件つきいいよ」「ワン・メッセージ」「I（アイ）メッセージ」の三つのコツを実践しよう。**

# 3-5 感情で動く子どもに伝わるコミュニケーション

理屈では正しいのはわかるけど、あの人の言うことは腹が立つ。あなたはそんな風に感じたことはありませんか？　そんなとき、あなたは素直に正しい行動が取れたでしょうか？　子どもの頃を振り返ってみると、親に「そろそろ勉強始めないといけないんじゃないの？」と言われて、「今やろうと思っていたのに！」とへそを曲げたことがある人は多いものです。それが今、自分が逆の立場になって、子どもに手を焼いていたりします（笑）。

あるいは、理性では「やらないほうがいい」とわかっていることをしてしまうこともありますよね。あとでお金に困るから、買わないほうがいいとわかっていたのに買ってしまったことや、食べないほうがいいとわかっていたのに我慢できなかったこと。そんな経験、誰でも一つや二つあるものです。

こうしたことから考えると、どうやら人は理屈ではなく感情で動く生き物だということが見えてきます。大人ですらそうですし、子どもであればなおさらです。ですから、子どもが理想的な行動を取れるように導くためには、理屈で納得できることに加えて、感情的にもその行動をしたいと思わせてあげなければいけません。

## 子どもに理想的な行動を「やりたい」と思わせる

ここまで子どもが感情的に「やりたくない」と思わないように伝える方法、子どもの理性が「したほうがいい」と思うように伝える方法を紹介してきました。ここからは、どうすればその理想的な行動を「やりたい」という気持ちにさせられるかを紹介します。

その方法とは、心理学で言う「即時報酬」を与えることです。わかりやすく言えば、「やってよかった」と思える何かが「すぐに」あることです。シカゴ大学のケイトリン・ウーリー助教授の研究によれば、「健康の改善」「やせて細身のパンツが履けるようになる」など、成果を得られるまでに時間がかかる理想状態（遅延報酬）は、運動や食事制限といった何

理想的な行動を「やりたい」と思わせる

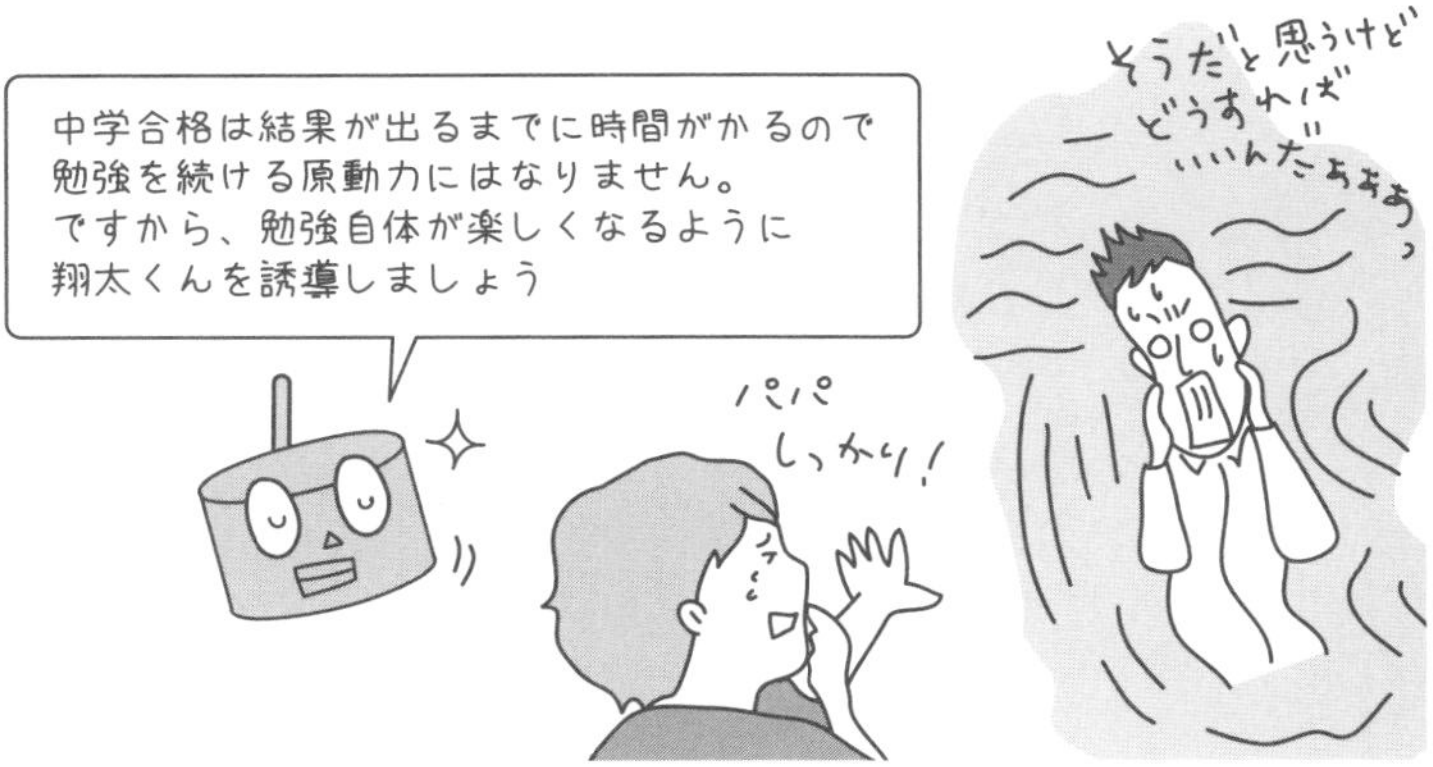
中学合格は結果が出るまでに時間がかるので
勉強を続ける原動力にはなりません。
ですから、勉強自体が楽しくなるように
翔太くんを誘導しましょう
パパしっかり！
そうだと思うけど
どうすれば
いいんだあああっ

かを始める理由にはなるけれども、それを続ける原動力にはならないとのことでした。一方で、「一緒に運動する仲間を作る」「ダンササイズ（ダンス＋エクササイズ）に取り組む」など、やること自体を楽しくなるようにすると、持続することができたそうです。

これは子どもの勉強の場合も同様です。「中学受験をしたいと自分から言い出した」「○○中学校に行きたいと言っている」にもかかわらず、コツコツ勉強に取り組むことができない子はたくさんいます。「ちゃんと勉強しないなら受験（または塾）をやめなさい！」は、中学受験生の親御さんの定番セリフです。

しかし、残念ながら人間の心理・脳の働きはそういう風にできているので、それに対して怒るのは「あなたはなんて人間らしい人間なんだ！」と言っているようなものです。意味があるとはとても思えませんね。怒ったところで人は空を飛べるようになりませんし、遠くの目標に向けてがんばることもできません。

## 勉強をがんばり続けられる三つの即時報酬

勉強をコツコツがんばれるようにしてあげたければ、勉強そのものが楽しくなるようにするか、勉強をした直後に何か良いことがあるようにしてあげることが必要です。この即時報酬があれば、１階の脳は「これをすると良いことがある！」と理解し、「次もまたやろう！」と感じてくれるというわけです。では、即時報酬にはどういったものがあるでしょうか？

### ●その行為自体が楽しい・やりがいがある・自分の価値観に一致している

鉄道オタクの子が日本全国の路線・駅名・地名にやたらくわしくなったり、歴史オタク

## 勉強をがんばり続けられる三つの即時報酬

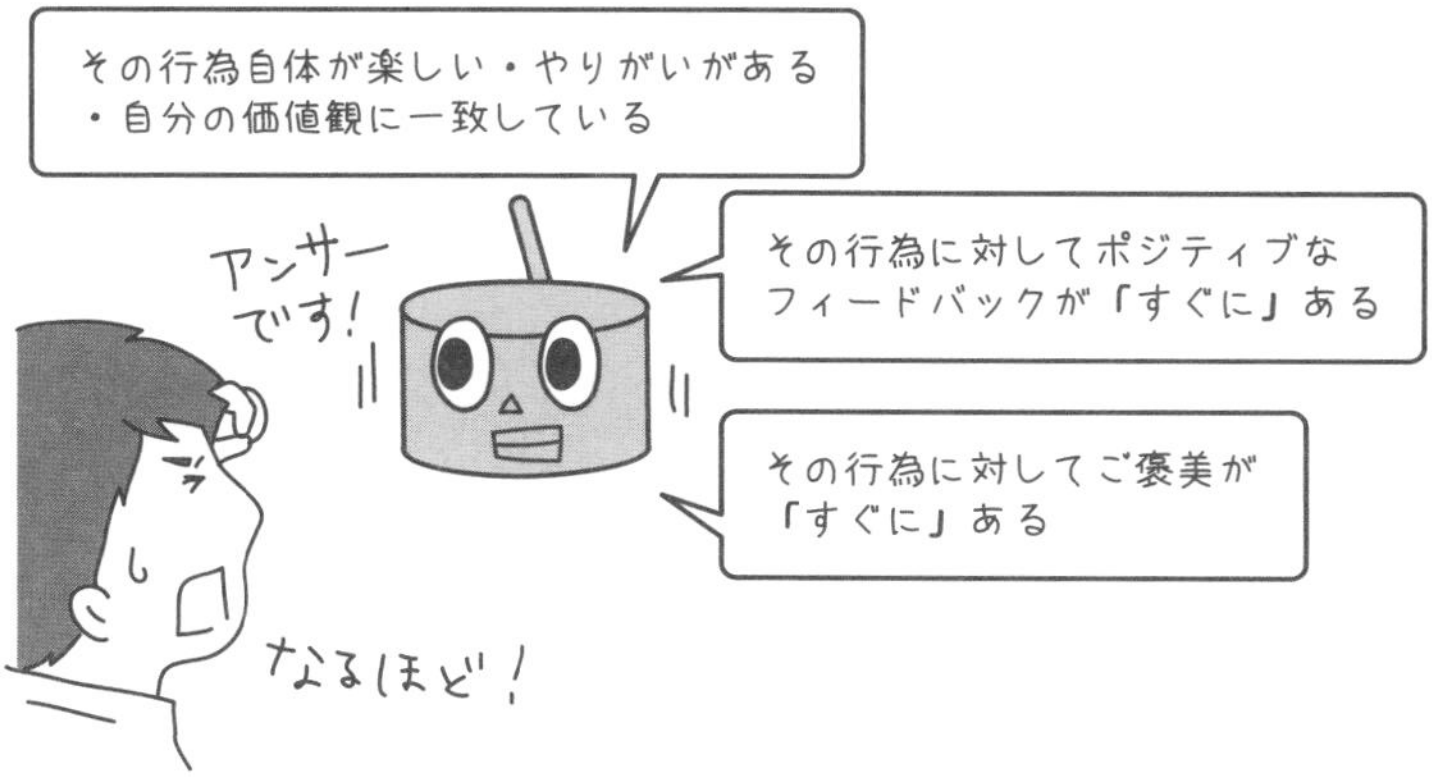
その行為自体が楽しい・やりがいがある
・自分の価値観に一致している
その行為に対してポジティブなフィードバックが「すぐに」ある
その行為に対してご褒美が「すぐに」ある
アンサーです！
なるほど！

の子が歴史人物・出来事を事細かに覚えてしまったりするような例です。勉強以外の例だと、人助けをすることに充実感・満足感を感じる人などもこのケースです。もし**今楽しくない勉強があるとしたら、「ゲーム性を持たせる」「親子で一緒に取り組む」など、それ自体を楽しむ方法がないか考えて工夫してみましょう。**

### ・その行為に対してポジティブなフィードバックが「すぐに」ある

「○○をしたら、ほめられた」という経験があると、2階の脳の理性で「○○をしたほうがいい」と理解するだけでなく、1階の脳でも「○○をすると良いことがある」と感じられます。時間が経ってからでは、2階の脳で理解できても、1階の脳で感じられないので注意が必要です。小さい子がお手伝いをしてくれたときに、その場で「ありがとう」と言えば「またやろう！」と思うでしょうが、1日経ってから「昨日はありがとう」と言っても効果は薄いのです。**可能なら、それをしている最中、または終わった直後にポジティブなフィードバックを返せるといい**ですね。

### ●その行為に対してご褒美が「すぐに」ある

大人でもがんばった自分にご褒美《ほうび》をあげてやる気を高めることがあると思いますが、子どもに対してももちろん効果的な作戦です。ハーバード大学のフライヤー教授の研究によると、**やる気を高めるために小学生の子どもには「トロフィー」「メダル」といった名誉になるご褒美が効果的で、中学生以上になるとお金のほうが効果的だった**そうです。

ご褒美として、お金をあげることに抵抗感のある保護者の方も多いと思います。しかし、同実験のあとに行われたアンケートによれば、努力した結果でご褒美を得た子どもたちは、お金を無駄遣いするどころか娯楽などに使うお金を減らし、より堅実なお金の使い方をし

## がんばりに対し、トロフィー、メダルなど名誉になるご褒美をあげる

1日勉強するごとに
1ポイントがつきます。
50個貯まると、あの
トロフィーがもらえます
そうです。点数などの結果ではなく
行動にご褒美を与えましょう
パパさん
ナイス！
やったー!!
がんばる!

ていたそうです。この実験でお金をご褒美として与える際に、おこづかい帳をつけるなどのマネーリテラシー教育を行ったことも理由の一つでしょうが、端的に言えばお金の大切さを同時に学んでいたことがわかります。勉強させるためのご褒美としてお金をあげることは、むしろ一挙両得であると言えますね。

ただ気をつけなければいけないのは、**ご褒美はテストの点数などの「結果」ではなく、どれくらい勉強したかといった「行動」に対して与えなければいけない**ということです。

これら即時報酬がある状態を作ると、私たちの1階の脳は「それをやりたい！」と感情で思ってくれます。1階の脳はとてもパワフ

ルです。1階の脳を味方につければ、行動を積み重ねて目標を達成することは簡単です。2階の脳が「それをやったほうがいい」と理性で判断する行動を、1階の脳にも「やりたい」と思わせられるようにうまく誘導していきましょう。

なお、ご褒美をあげることが、子どものやる気をかえって損ねてしまう場合もあるので注意が必要です。そうしたマイナスの影響が出ないようにするための注意点や、ご褒美の効果をより高めるためのちょっとした秘訣《ひけつ》は、『小学生の子が勉強にハマる方法』の4章にくわしく書きましたので、そちらもぜひ読んでみてくださいね。

**まとめ**

**「遠くの目標に向かってコツコツがんばる」ことは、「空を飛ぶ」「水中で呼吸をする」のと同様に人間には難しい。受験に合格するために勉強をがんばらせるよりも、勉強そのものが楽しくなる工夫や、勉強してよかったと感じられる働きかけをしよう。**

# 第4章

# 学力アップにつながる子どものマインドセット

あー!!
翔太！
何この点数は？
ダメじゃない
こんな点で
ビクッ
…
ガミガミ
ママさんの指導は
不適切です
強制終了
させます
ん？
わっ！
何するのよ
ティーチャー！
は？
ケホ
ケホ
成績で一喜一憂
するのは
やめるべきです
点数が低いことを責め、
それでいて正しい行動を
示さないのはパワハラです
なんてこと…
ぷしゅー
じ、じゃあ正しい
指導って何よ!?
正しい指導例を
提示します
ピコ

1「宿題をやっているか」「どのくらいやっているか」
Hit!
2「宿題の丸つけをしているか」
3「間違えた問題に印をつけ、もう一回解いているか」
キャッ
Hit!
Hit!
子どもへの声かけは、目に見える行動になるまで具体化します
注目すべきは結果ではなく、行動です
どんな行動が原因だったかを探り
改善策を見つける手伝いをするのです
正解です!
…次もいい点を取れるようにするってわけね
フム
フフフ…
私って天才~
ほめるときも同様です
才能ではなく努力をほめます
ピコ
"とてもがんばっていますね"
ママ、翔太のためにもっとがんばるわ!
ティーチャーそれもほめ方のコツ?
当然です

# 4-1

# 成績に一喜一憂してはいけない

次のセリフに共感できるか考えてください。

「うちの子、テストの点がいいときにほめると気が抜けてサボっちゃって、テストの点が悪いときに叱ると気合を入れ直して成績が上がるんですよ」

どうですか？　このセリフを見て、「うちも同じだ」と思いましたか？

**無意味に子どもをほめたり、叱ったりしていませんか？**

唐突ですが、サイコロを用意してください。サイコロを振って1か2が出たら、「低い！真面目にやれ！」とサイコロを叱ってください。5か6が出たら、「高い！　よくやった！」とサイコロをほめてください。すると、叱ったあとはサイコロの出目がよくなり、ほめた

## 成績に一喜一憂しない

あとは出目が悪くなります。まるで、サイコロがあなたの言葉を聞いているかのようです。ほめられるといい気になってサボり、叱られると気合を入れ直したかのようです。

このしくみは、ちょっと確率を考えたらわかります。2が出たときに叱ったとします。2より悪い目は1しかないのに対して、2より良い目は3〜6の四つあります。叱るかどうかに関係なく、良い目になる確率のほうが高いのです。

5が出たときにほめたとします。5より良い目は6しかないのに対して、5より悪い目は1〜4の四つあります。ほめるかどうかに関係なく、悪い目になる確率のほうが高いのです。

平均より良い結果が出たら、次は今より悪い結果になり、平均より悪い結果が出たら、次は今より良い結果になる。つまり、平均に戻ろうとするように見える動きをします。これを「平均への回帰」と呼びます。同じことが子どもの成績でも起こります。テストでの成績には多少の運が絡《から》みます。体や心の調子に大きく左右されますし、得意な単元かどうかにも左右されます。自分の実力の平均値を中心に、変動するものです。

そのテスト結果を見て、本人は一喜一憂《いっきいちゆう》します。そして周りの大人は、成績がよかったらほめ、悪かったら叱ります。冒頭のようなセリフをつぶやきながら…。子どもの成長に対して、良い影響を与えるとはとても思えませんね。

## 成績は単発ではなく、全体で見て判断しよう

もう、成績で一喜一憂するのはやめましょう。本当の実力は、テスト1回の測定ではわ

郵 便 は が き

料金受取人払郵便

新宿局承認

4337

差出有効期間
2022年9月
30日まで

163-8791

999

(受取人)

日本郵便 新宿郵便局
郵便私書箱第330号

(株) 実務教育出版

愛読者係行

| | | |
|---|---|---|
| フリガナ<br>お名前 | | 年齢　　　歳<br>性別　　男・女 |
| ご住所 | 〒 | |
| 電話番号 | 携帯・自宅・勤務先　　　(　　　) | |
| メールアドレス | | |
| ご職業 | 1. 会社員 2. 経営者 3. 公務員 4. 教員・研究者 5. コンサルタント<br>6. 学生 7. 主婦 8. 自由業 9. 自営業 10. その他 (　　　) | |
| 勤務先・学校名 | | 所属 (役職) または学年 |
| 今後、この読書カードにご記載いただいたあなたのメールアドレス宛に<br>実務教育出版からご案内をお送りしてもよろしいでしょうか | | はい・いいえ |

**毎月抽選で5名の方に「図書カード1000円」プレゼント!**

尚、当選発表は商品の発送をもって代えさせていただきますのでご了承ください。
この読者カードは、当社出版物の企画の参考にさせていただくものであり、その目的以外には使用いたしません。

■愛読者カード

【ご購入いただいた本のタイトルをお書きください】

| タイトル |
| --- |
| |

ご愛読ありがとうございます。

今後の出版の参考にさせていただきたいので、ぜひご意見・ご感想をお聞かせください。

なお、ご感想を広告等、書籍の PR に使わせていただく場合がございます（個人情報は除きます）。


……………………該当する項目を○で囲んでください……………………

◎本書へのご感想をお聞かせください

| | | | | |
| --- | --- | --- | --- | --- |
| ・内容について | a. とても良い | b. 良い | c. 普通 | d. 良くない |
| ・わかりやすさについて | a. とても良い | b. 良い | c. 普通 | d. 良くない |
| ・装幀について | a. とても良い | b. 良い | c. 普通 | d. 良くない |
| ・定価について | a. 高い | b. ちょうどいい | c. 安い | |
| ・本の重さについて | a. 重い | b. ちょうどいい | c. 軽い | |
| ・本の大きさについて | a. 大きい | b. ちょうどいい | c. 小さい | |

◎本書を購入された決め手は何ですか

a. 著者　b. タイトル　c. 値段　d. 内容　e. その他（　　　　　　　　）

◎本書へのご感想・改善点をお聞かせください

◎本書をお知りになったきっかけをお聞かせください

a. 新聞広告　b. インターネット　c. 店頭（書店名：　　　　　　　　）
d. 人からすすめられて　e. 著者の SNS　f. 書評　g. セミナー・研修
h. その他（　　　　　　　　）

◎本書以外で最近お読みになった本を教えてください

◎今後、どのような本をお読みになりたいですか（著者、テーマなど）

ご協力ありがとうございました。

## 成績は単発ではなく全体で判断する

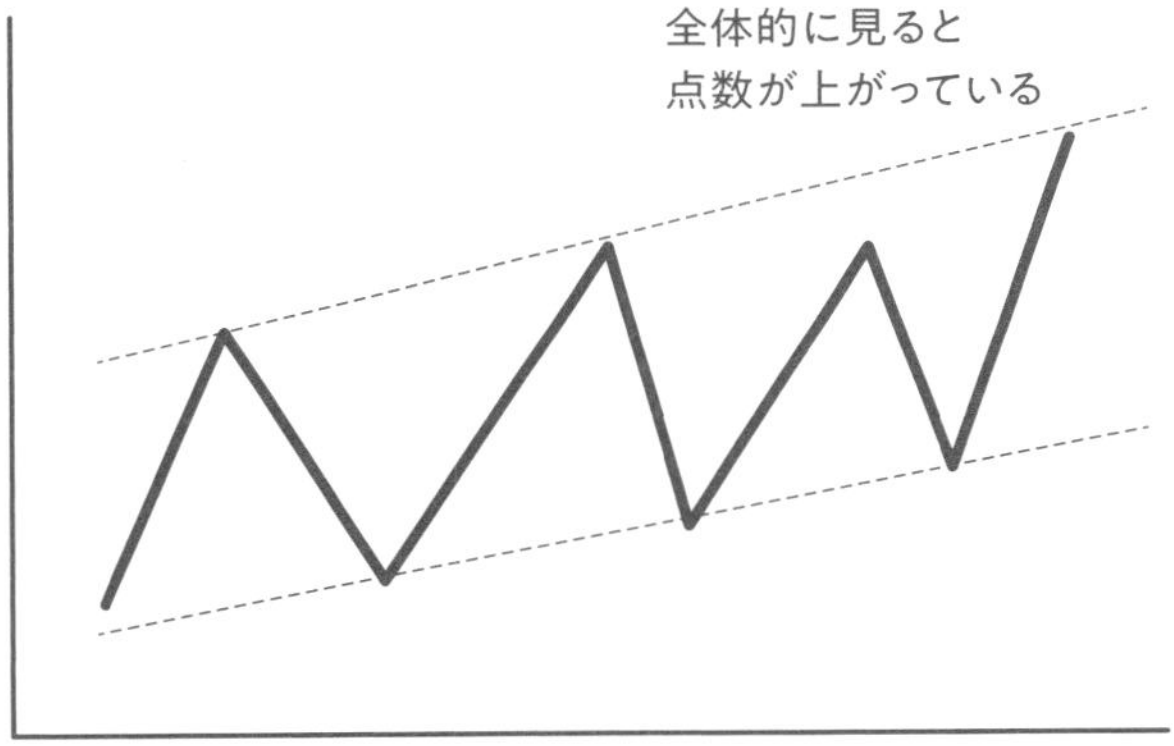


かりません。実力±運＝成績で、運がどれだけ絡んでいるか、見切ることはできないのです。**成績は、グラフを長い時間幅で見て、全体的に上がっているかどうかで判断しましょう。**

良いときの成績は自己ベストを更新できていますか？　これまでで最も良い成績が取れたときは、力が伸びていると判断して喜んでもいいでしょう。悪いときの成績は、少しずつ上がっていますか？　失敗したなというときでも以前ほど低い点数を取らなくなったなら、それもまた進歩の表れです。前回と比べてではなく、これまでの数回分も含めて考えると、運の影響を減らして本当の力を見ることができるようになります。

そして、もっと重要なことがあります。それは、成績よりも子どもの実際の学習行動を見ることです。**ほめるのも叱るのも、すべては「行動」に対して行いましょう。**学習の質が高いかどうかは、いずれ必ず実力に反映されます。運に左右される成績よりも、どんな勉強のやり方をしているか、どれくらい勉強しているかのほうが、よほど正確にその子の未来の成長を予測できます。

成績を見るのは、勉強のやり方の方向性が正しかったか、成果につながらない間違った努力をしていなかったか、その確認のためというのが正しいスタンスです。学習行動をよく見る機会がないのなら、成績だけ見て中途半端に評価するのは避けてくださいね。

**まとめ**

**テスト一回の成績には運が絡むので、結果だけで一喜一憂しない。テスト結果を判断するなら、複数回並べてみて、その上で運による波があると心得てから見る。テストの結果よりも、その結果に至るまでの行動がよかったかどうかに注目するほうが大事。**

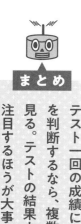

# 4-2 「なぜほめる？　なぜ叱る？」を具体的に考えよう

「ほめる・叱る」とは、メッセージを伝えることです。ほめるは「これは良いことだ」と伝え、叱るは「これは悪いことだ」と伝えます。言われてみると当たり前です。しかし、この当たり前をわかっていても、落とし穴にはハマるものです。

## すべては子どもに良い行動を取ってもらうために

ほめたり叱ったりするときに、何をほめるのか、何を叱るのかをあらかじめ確認しましょう。そうでなければ、こちらの意図しないメッセージが知らず知らずのうちに伝わってしまうかもしれません。お子さんに伝えたいメッセージは何でしょうか？

それは、「**結果ではなく行動に目を向けて考えよう。良い行動を増やすことを意識しよう**」でしたね。ですから、「子どもに取ってほしい結果」ではなく、「子どもに取ってほしい行動」を考えてください。それができたときにはほめて、できなかったときには叱るようにしましょう。

大人は、ついつい成績ばかりを気にして、ほめたり叱ったりしてしまうものです。なぜなら、そのほうがラクだからです。**行動を評価しようとしたら、子どもの行動を日々よく観察しなければいけません。** これは大変な時間と手間がかかります。それに対して、結果を評価するのは、自分の都合で見たいときに成績表を見るだけです。仕事における人事考課も、営業成績で機械的に決めるほうが、行動で評価するよりもラクですよね。

しかし、結果それ自体には残念ながら再現性はありません。ほめたところで、もう一度良い点を取れるとは限りません。テストの点数に対して、「１００点取ってすごいね！」と声をかけたとします。このほめ言葉が伝えているメッセージは何でしょうか？　「１００点を取るのは良いことだ」です。下手をすると、「１００点を取れなければすごくない」

## ほめる・叱るは「良い行動を増やすため」にする

ズバリ、ほめるなら
結果より、行動です
天才だよ！
100点とるなんてー!!
えへへ
ほめてるから
いーじゃないの



と受け取られるかもしれません。

子どもは、次回もテストで100点を取りたいと思うでしょう。しかし、次のテストが難しい単元だったらどうなるでしょう？　どうやって100点を取ればいいのか、その方法は先ほどのほめ言葉に含まれていません。100点を取るための方法は、子ども任せになってしまいます。

子どもが「今回100点を取れたので、次回も同じように勉強しよう」と思っても、それでは100点を取れないかもしれません。そうなると、ほめてもらえないわけですね。100点を取りたいけど、どうすればいいのかわからない。そんな状況に陥ってしまうと、手段を選ばない子なら、カンニングや採点時の誤魔化しをすればよい、という考えに至っても不思議ではありません。実際に、こういう行動に走る子は多くいます。

伸学会でも、授業最初の小テストの答え合わせの際、自分の答えをあとから書き換えて正解にしようとする生徒がいます。そういう子は、「100点の答案を持っている」という結果が大事だと、これまでの経験で思わされてきたということです。

また、宿題ノートでも間違えた問題を消して書き直して、すべて○をつけて提出する子がいます。成績アップのためには、自分が何を間違えたかの履歴はとても貴重な情報ですが、自分でそれを消してしまうのです。もったいないですね。これもやはり、「正解がノートに書かれていて、○がいっぱい並んでいる」という結果が大事だと思ってしまっているということです。

## 具体的な行動をほめ、改善方法がわかるよう叱る

あらためて考えてください。お子さんにどうなってほしいですか？　そのために、なぜほめるのですか？　私は、「賢くなってほしい」「わかることが増えることを楽しんでほしい」から、ほめるのだと思います。そのためには、子どもには「賢くなるような学習を取ってほしい」「前より実力を高めるような行動を取ってほしい」というメッセージを伝えましょう。

そして、「これが賢くなる学習だから続けてね」と伝わるよう、**子どもの目に見える行動になるまで具体的にほめましょう。**「間違えた問題を正解できるまで解き直ししたんだね」「算数の問題で図を書いたんだね」「社会で知らなかった言葉の意味を調べたんだね」。ここまで具体的にほめて、ようやく子どもの行動に変化が現れます。「これをやればよかったんだ、この学習を続ければいいんだ」となるのです。

子どもの目に見える行動になるまで具体的にほめる

間違えた問題を
正解できるまで
解き直しした成果ね
じゃーん
そうか！
この学習方法を
続ければいい、と
伝わっていますよ
そう！
そう！

叱るときも同じです。「0点を取った」ことを叱るだけでは、方法を示していません。「宿題をやっているかいないか、どれくらいやっているか」「宿題の丸つけをしているか」「間違えた問題に印をつけ、もう一回解いているか」など具体的な行動に注目するのです。

**点数が低いことを責めるだけで正しい行動を示さなければ、それはパワハラと言ってもいいでしょう。**自分に置き換えてみてください。「売上を上げろ！　そのための方法は自分で考えろ！」。そんな風に言われたら、どうしていいか困ってしまいますよね。

**子どもにとって、アドバイスなしで正しい**

**学習法に気づき、実践するのはとても難しいことです。**「売上を上げろ！」と言うだけでなく、ちゃんと方法も説明してあげる、ということですね。

子どもには、「結果ではなく行動が大事だ」「良い行動を取れるかに意識を集中しよう。結果はあとからついてくる」というマインドを持たせたいですね。そのために、結果ではなく行動に対して声かけをするようにしていきましょう。

**まとめ**

**ほめる・叱ることで、どんなメッセージを子どもに伝えているのか考える。結果だけをほめても再現性はない。良い行動を見つけて認めてあげることで、今後も継続できるように導こう。叱るときも、結果だけをただ叱るのでは子ども任せ。どんな行動が結果の原因なのか振り返り、改善策作りまでを手伝おう。**

## 4-3 自分でコントロールできる原因を特定しよう

ここまで、「結果ではなく行動に注目しよう」という話を続けてきました。良い行動を積み重ねることができれば、いずれ結果はついてくるからです。子ども自身にもそのことを理解し、自分の悪い行動を改善し、良い行動を継続できるようになってもらいたいですね。そのために大切なのが、これからお伝えする「原因分類」の話です。

### 原因を四つに分類する〈基本編〉

テストを終えたあとの子どもは、点数の「良し悪し」で頭がいっぱいです。それに加えて、「家に帰って結果を見せたら、親は何と言うだろう」と気になって仕方ありません。「テストの結果」と「テストの結果の結果（親の反応）」だけを考えています。しかし、本当

## 原因を四つに分類する

| | 内的<br>自分のこと | 外的<br>自分と関係ないこと |
|---|---|---|
| 一定<br>毎回同じ | 性格・能力 | 環境<br>（学校、家庭） |
| 可変<br>そのとき次第で毎回変わる | 努力・方法 | 運 |



に成績を上げるために必要なことは他にあります。

- **うまくいったのなら、具体的に何がうまくいったのか。その理由は何か。継続すべきことは何か**
- **うまくいかなかったのなら、具体的に何がうまくいかなかったのか。その理由は何か。改善すべきことは何か**

子どもには「点数」ではなく「内容」、さらにその原因となる自分の行動へと注目してほしいのです。当然、親も注目しましょう。

そこで「原因帰属理論」を紹介します。上表

## 原因分類テスト〈基本編〉　解答欄

| | 内的<br>自分のこと | 外的<br>自分と関係ないこと |
|---|---|---|
| 一定<br>毎回同じ | 問題1 | 問題1 |
| | 問題2 | 問題2 |
| 可変<br>そのとき次第で毎回変わる | 問題1 | 問題1 |
| | 問題2 | 問題2 |

のように、「出来事の原因を何に求めるか」を二つの軸で分類するものです。アメリカの心理学者バーナード・ワイナーによる分類が有名です。

- 原因が自分の中にあるのか、自分以外の要因にあるのか（内的—外的）
- 次も同じ結果が期待できるのか否か（一定—可変）

これで、原因を四つに分類できます。分類をちゃんと理解できているか試してみましょう。次ページに問題を二つ用意したので、上表のどの欄に当てはまるか考えてみてください。正解は150ページにあります。

## 原因分類テスト〈基本編〉

**問題1**

テストで100点を取れたのは…

**①自分に才能があるからだ**
**②運が良かったからだ**
**③がんばって勉強したからだ**
**④先生が簡単なテストばかり作るからだ**

**問題2**

試験で不合格になったのは…

**⑤先生のテストがいつも難しいからだ**
**⑥才能がないからだ**
**⑦運が悪かったからだ**
**⑧努力が足りなかったからだ**

## 原因分類テスト〈基本編〉　正解

| | 内的<br>自分のこと | | 外的<br>自分と関係ないこと | |
|---|---|---|---|---|
| 一定<br>毎回同じ | 問題1 | ① | 問題1 | ④ |
| | 問題2 | ⑥ | 問題2 | ⑤ |
| 可変<br>そのとき次第で<br>毎回変わる | 問題1 | ③ | 問題1 | ② |
| | 問題2 | ⑧ | 問題2 | ⑦ |

## 原因分類テスト〈応用編〉　解答欄

| | 内的<br>自分のこと | 外的<br>自分と関係ないこと |
|---|---|---|
| 一定<br>毎回同じ | | |
| 可変<br>そのとき次第で<br>毎回変わる | | |

表の分類を確認した今なら、どれが次の行動につながるかわかりますよね。内的かつ可変な原因である「努力量」に注目すること。つまり、**自分でコントロールできるものに注目すること**です。他は少し「言い訳」のような雰囲気になっていますね。

## 原因を四つに分類する〈応用編〉

今度は、次のセリフを前ページ下段の解答欄に分類してみてください。実際に、身の回りで聞いたことがあるセリフも多いのではないでしょうか。

①今回のカリキュラムテストで点が伸びたのは、速さの問題が多かったからだ
②合格者平均点に届かなかったのは、見直しをしなかったからだ
③記述問題を書けたのは、文中の要点に線を引いたからだ
④過去問の時計算で正解できたのは、時計算の復習を1日1時間したからだ
⑤算数の点数が上がらないのは、図形問題が苦手だからだ
⑥サッカーでスタメンになったのは、センスがあるからだ

⑦給料が上がらないのは、景気が悪いからだ
⑧試験で不合格になったのは、体調を崩していたからだ
⑨勉強できなかったのは、友達に「遊ぼう」と誘われたからだ

分類表のどれに当てはまるか、一つずつ確認していきましょう。

**①今回のカリキュラムテストで点が伸びたのは、速さの問題が多かったからだ**

右下の「運」です。テスト内容は外部要因です。次回のテストでは、速さの問題が多いとは限らないので不安定ですね。また、「速さの問題が多いと、なぜ点が伸びるのか」と考えれば、「速さの問題が得意だから」となるので、左上の「能力」ともとらえられます。

**②合格者平均点に届かなかったのは、見直しをしなかったからだ**

左下の「方法」です。試験中にケアレスミスを見つける時間を取らなかったのが失敗の原因なら、次回から見直しすればいいだけです。次への行動が変わりますね。

原因を四つに分類する

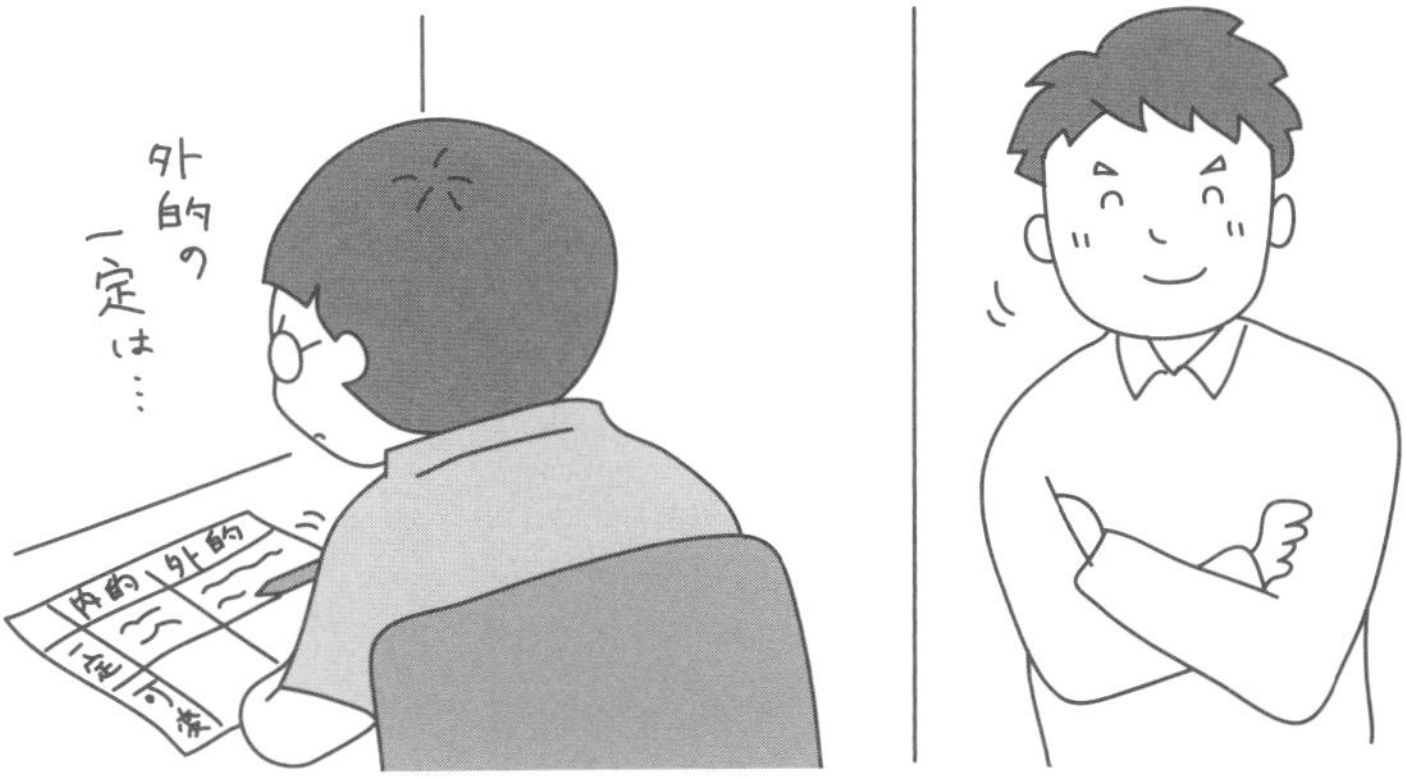


### ③記述問題を書けたのは、文中の要点に線を引いたからだ

左下の「方法」です。記述に使うであろう、筆者の主張に線を引きつつ読む。これをしたのが勝因なら、次回も実行するだけですね。実行できなかった場合は、どこが筆者の主張なのか見つけるためのテクニックを学び、線を引く練習をする、となります。

### ④過去問の時計算で正解できたのは、時計算の復習を1日1時間したからだ

左下の「努力」です。もし「1時間で足りないなら増やす」というように、行動は変えることができます。ただ、量でとらえるのは、まったく勉強していない子どもには有効です

が、すでにたくさんの時間・たくさんの課題に取り組んでいる子には、「それでも量が足りない」と追い込み過ぎてしまう可能性があるので注意しましょう。その場合は、量よりも方法（ノートの取り方・学習のタイミングなど）に注目させたほうがいいでしょうね。

**⑤算数の点数が上がらないのは、図形問題が苦手だからだ**

左上の「能力」です。「図形が苦手だ」というセリフは、「だから仕方ない」というあきらめの意味でしょう。後述しますが、こういうセリフには「なんで苦手なのかな？」「どういうとき苦手だと感じる？」などと質問を重ねて深掘りすれば、他の原因に行き着きます。

**⑥サッカーでスタメンになったのは、センスがあるからだ**

左上の「能力」です。予想ですが、このセリフを言うような子はスタメンから外れると、「センスがなかったからだ」と言いそうな気がします。コントロールできる行動に結びつかない原因には意味はありません。

**⑦給料が上がらないのは、景気が悪いからだ**

「給料が上がらないのは、景気が悪いからだ」の原因は？

それもあります。ただ、景気が悪くても、コントロールできる原因に注目して、改善を目指すほうが成長につながります
環境か？運かな？

右上の「環境」です。景気はすぐ移り変わるものととらえれば、右下の「運」とも考えられるでしょう。たしかに給料は景気に左右されますが、自分でコントロールできないものに原因を求めると、ただの愚痴になります。景気が悪い中でも、自分でコントロールできる原因に注目して、改善を目指すほうが成長につながりますよね。これは、「テストの点が上がらないのは、問題が難しいからだ」という考えにも、そのまま置き換えられます。

### ⑧試験で不合格になったのは、体調を崩していたからだ

この問題を出すと、一番意見が割れるセリフです。四象限すべて、選ぶ人がいました。

あなたはどれを選んだでしょうか。性格が表れるように思える問題です。

● **右下の「運」**……この分類のつもりで作問。「当日風邪を引いてしまったなら、それは仕方ない」という気持ちが表れている。体調を崩すかどうかはコントロールできない外部要因、と考えているということ

● **右上の「環境」**……「インフルエンザが流行する季節なのだから、かかるものだ」という気持ちで選んでいる

● **左上の「性格・能力」**……一番少数派。「病弱で、何かと病気にかかるのは仕方がない」ということ

● **左下の「努力・方法」**……「体調管理できなかった自分が悪い」というもの。生徒相手にこの問題を出すと、ストイックな子ほど選ぶ傾向が強い

**⑨勉強できなかったのは、友達に「遊ぼう」と誘われたからだ**

これも、割れるだろうと思って作問しました。誘ってきた友達のせいにするのか、誘いに乗った自分が悪いのか。これも考え方の癖《くせ》を診断するような問題と言えそうです。

## 「勉強できなかったのは、友達に「遊ぼう」と誘われたからだ」の原因は？

内的
外的
一定
性格・能力
環境
可変
努力・方法
運
誘われたら断れない性格だから・・・
性格が出ますね
コレだ！

- 右下の「運」……「たまたまアイツが誘ってきたから仕方なかった」
- 右上の「環境」……「アイツがよく誘ってくるから…」
- 左上の「性格・能力」……「誘われたら断れない性格で…」
- 左下の「努力・方法」……「断れるはずなのに断らなかった自分が悪い」

## コントロールできない原因は質問で深掘りする

さて、ここまで九つのセリフを分類してきました。「自分でコントロールできるものがいい」と思いつつも、実際はコントロールできないこともあるものです。子どもが、自分でコントロールできない原因に注目している場合はどうすればいいでしょうか。例えば、子どもが⑤の「図形問題が苦手だから」と言っていたら？　そういうときは、質問で深堀りします。**「なぜそうなったのかな？（原因）」「どういうときそう思う？（具体化）」を繰り返すと、他の原因に行き着きます。**主に、この二つの質問を使って深堀りした結果をまとめると、次ページの図のようになります。ここから次に活かせるものを取り出して、行動を改善していけばよいのです。

このように、**自分でコントロールできない原因は問いで具体化していくことで、自分でコントロールできる範囲の原因へ変えていくことができます。**「結果は自分でコントロールできる」という意識は、3章でお伝えしたやる気の源の一つである「有能感」そのものです。悪い結果のときには、つい「運が悪かった」「環境が悪かった」と外的要因のせいにしたくなるものですよね。たしかにそうすれば、そのときは気持ちが安らぐかもしれません。

## コントロールできない原因は質問で深掘りする

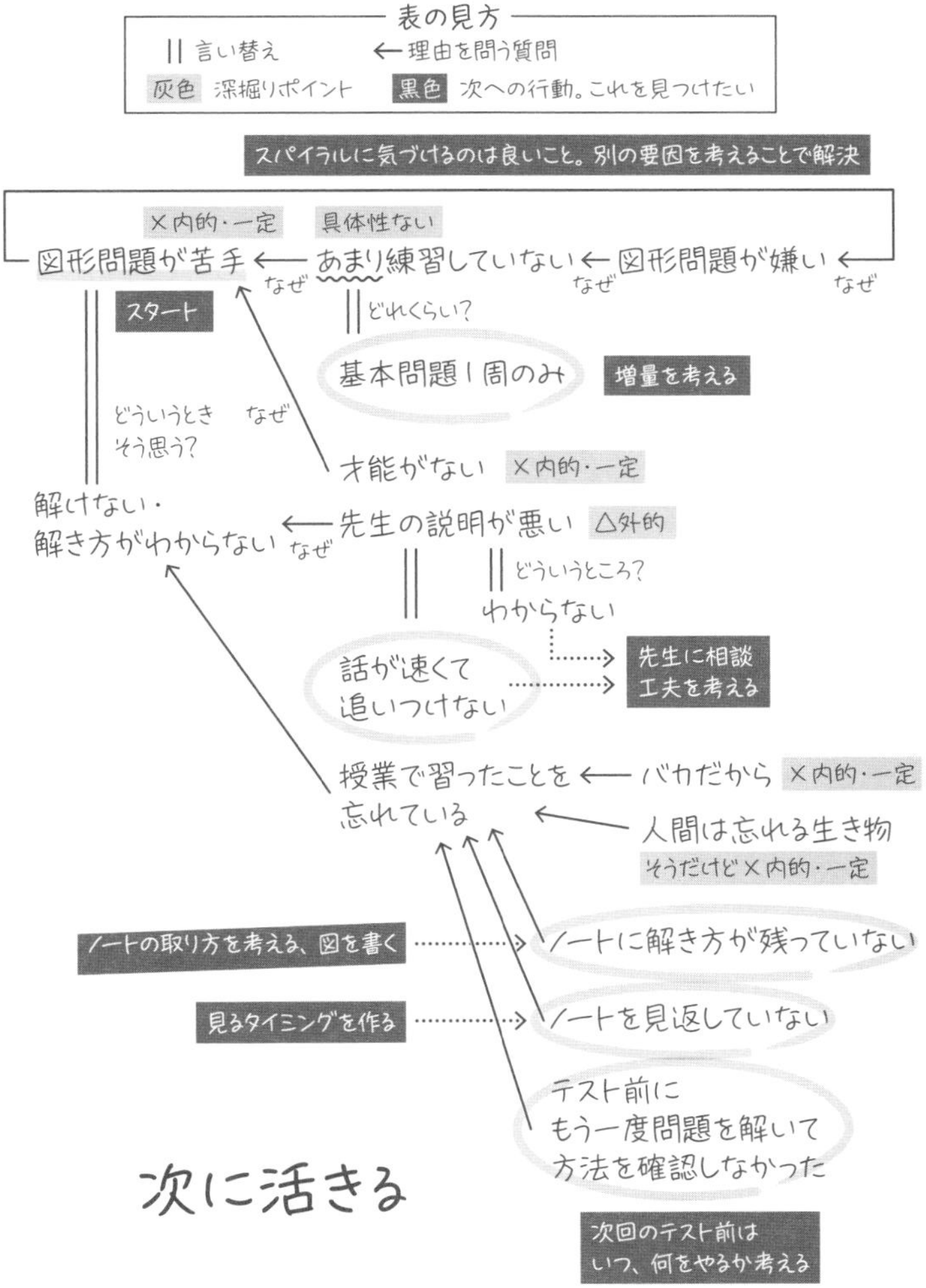
表の見方
|| 言い替え
←理由を問う質問
灰色 深掘りポイント
黒色 次への行動。これを見つけたい
スパイラルに気づけるのは良いこと。別の要因を考えることで解決
×内的・一定
具体性ない
図形問題が苦手
なぜ
あまり練習していない
なぜ
図形問題が嫌い
なぜ
スタート
どれくらい?
基本問題1周のみ
増量を考える
どういうとき
そう思う?
なぜ
才能がない
×内的・一定
解けない・
解き方がわからない
なぜ
先生の説明が悪い
△外的
どういうところ?
わからない
先生に相談
工夫を考える
話が速くて
追いつけない
授業で習ったことを
忘れている
バカだから
×内的・一定
人間は忘れる生き物
そうだけど×内的・一定
ノートの取り方を考える、図を書く
ノートに解き方が残っていない
見るタイミングを作る
ノートを見返していない
テスト前に
もう一度問題を解いて
方法を確認しなかった
次に活きる
次回のテスト前は
いつ、何をやるか考える

しかし、それは「結果を自分ではコントロールできない」と言っているに等しいですから、「有能感」が損なわれ、次へのやる気を失うことにつながります。子どもに正しい原因分類の考え方を教え、「結果は行動を通じて自分でコントロールできるんだ」というマインドを持たせてあげてくださいね。

**まとめ**

**テストの結果に対して、その原因を考える。自分にコントロールできる原因になるまで、質問で深堀りを重ねよう。**

## 4-4

# 「一生懸命がんばったんだから仕方ない」は禁句！

あなたはこれまでお子さんが落ち込んでいるとき、どのような言葉をかけてきましたか？　勉強において、成績の波は必ずあります。模試を受けたあと、結果を見てお子さんが落ち込んでいたら、なんと声をかけるのが適切でしょうか？

また中学受験で第一志望に合格する子は、データ上は3～4人に1人と言われています。受けた学校すべてに合格するのは極々少数です。中学受験をすると決めたなら、不合格になった場合に備えておかなければいけません。もしお子さんが第一志望校に不合格となって落ち込んでいたとしたら、あなたはなんと声をかけますか？

悪い結果との正しい向き合い方

翔太はがんばったっ
わよ〜
やっぱり
才能ないの
かな…
どよ〜〜ん
原因は才能ではなく
勉強の量とやり方に
あります

## 悪い結果との正しい向き合い方

悪い結果と向き合うのはつらいものです。お子さんが落ち込んでいる姿を見るのは、胸が痛むことでしょう。こういうとき、元気づけようとして「一生懸命がんばったんだから仕方ない。結果は気にしなくていいよ」などと言って慰《なぐさ》めがちです。しかし、子どもの内発的動機を高める観点からは適切ではありません。

「一生懸命がんばったんだから仕方ない」という言葉が暗に発するメッセージをよく考えてみましょう。「君は全力を尽くしたけど無理でしたね」です。これは、自分の行動によって結果をコントロールできるという「有能感」を損ねることになります。その結果、モチベーションの低下を招くでしょう。気持ちを切り替えて、次に向かってがんばってほしいというあなたの意図とは逆の結果になってしまいますね。

**モチベーションを高めるために必要なのは、行動を改善すれば良い結果を手にすることができるという信念を抱かせることです。**ですから、**結果が悪かったときには慰めるのではなく、行動の振り返りをして、改善策を一緒に考えるようにしましょう。**

考える要素は大きく分ければたったの二つです。この二点について、振り返りましょう。

- 勉強の量は十分だったか?
- 勉強のやり方は適切だったか?

私たちが指導している中学受験は、まだまだ精神的に未熟な子たちが大量の勉強と向き合います。4~5年生のうちは、テレビやゲームの誘惑に負けて勉強をサボってしまうこともよくあることです。そんな子たちが、直前期はみんな過去最高自己ベストのがんばりを見せてくれるものです。親御さんとしても、その成長をうれしく感じ、「この姿が見られただけで中学受験をさせてよかったと思う」とおっしゃる方が多いです。

まずはその気持ちを率直に伝えてあげてください。「仕方ない」という慰めはNGですが、「成長がうれしい」「がんばる姿が見られてよかった」といった子どもを勇気づける言葉はOKです。そして、「もし、もう一度4年生からやり直せるとしたらどうする?」と聞いてあげてください。きっと本人から改善策が出てくるはずです。

子どもは自分の成長に気づくのが苦手なので、放っておくと悪い結果は持って生まれた自分の「能力」の低さが原因と考えてしまいがちです。そうではなく、「努力・方法」に原因があることに気づかせなければいけません。前節の原因分類の話を踏まえて、自分の力でコントロールできるものに注目させてあげてくださいね。

**まとめ**

**成績が悪かったときに慰めは禁物。行動を振り返って改善計画を考えよう。**

# 4-5 子どもをほめるときに「天才」はNG！

以前の生徒で、とても賢い子がいました。仮にA君としておきます。彼は4年生の時点で、クラストップの成績でした。式を書かず頭の中だけで解くので、ノートは常に正解の回答と○だけ。どう解いたのか説明してもらうと、ややこしい話し方になるものの、よくよく聞くと理解していることがわかる、そんな生徒です。

A君は4年生の1年間ずっとトップでした。もちろん勉強していないわけではないけれど、特段勉強をやり込んでいるわけでもない。だから、自分では頭が良いと思っていました。5年生になってライバルB君が現れました。といっても未来のライバルで、入塾当初はA君に及びませんでした。

しかし、B君は学習の方法・姿勢がとてもよかったのです。授業では必ず質問し、ノートには式を残す。塾で提案される学習法をすべて実践し、その上に自分なりの工夫を重ねてくる生徒でした。その結果、当然のように彼の成績は急上昇しました。

そして5年生の夏のテストで、2人は大一番を迎えたのです。算数・国語の両方でB君がA君に勝ちました。これでA君は動揺したのでしょう。その後の彼のリアクションは印象に残っています。「Bはまだ理科・社会で○○点以上を取ったことはない。自分が理科社会で××点以上を取れば、4教科の合計で負けることはない…」。必死の計算をぶつぶつ呟《つぶや》いていました。結果は4科目ともB君の勝利。A君が「取れるはずない」と思っていた○○点の壁を超え、B君は自己ベストを更新しました。A君は解説授業の間、まさに「意気消沈」といった具合でした。

**自分の能力に自信がある生徒は、「できるとき」「勝てるとき」のモチベーションはとても高いです。一方で、「できないとき」「負けたとき」のモチベーションは地に落ちます。**自分では変えようがない「無能さ」を突きつけられた気分になるからです。

## 能力や性格は〝すぐには〟変わらない

じつは、A君のドラマはここから始まります。B君と一緒に勉強する機会が増え、競い合う中でA君の勉強法が変わっていったのです。算数の授業では、生徒同士の「教え合い」を実践。説明が下手なA君は苦戦しながらも、式や図をていねいに書くことに目覚めていきます。凝《こ》り性《しょう》なところがあるA君は、いったんハマるとクオリティにこだわるタイプでした。4年に比べると、6年のノートのクオリティは見違えるほどアップしました。

そうしているうちに、「Bと一緒に勉強するのは楽しい」「勝負だと思うと勝ったときに調子に乗って気が抜けるから、一緒に勉強するつもりでいるほうがいい」と言うようになりました。A君のマインドセットが長い時間をかけて変わったのです。その結果、もともと成績は良かったのですが、そこからもう一段伸びました。この話は、よく生徒たちにも話し、「A君のマインドが4年生の頃のままだったら、どうなっていただろう?」と想像してもらっています。

能力や性格は“すぐには”変わらない

この話から私が子どもたちに、そしてあなたに伝えたいことは何でしょうか? それは**「結果は才能ではなく努力で決まる」「能力は努力によって伸ばせる」と子どもに理解させると、行動が変わり結果も変わる**ということです。

先ほど「原因分類」を考えるときには、「性格や能力は変わらない」ものと考えようとお伝えしました。ただ、これは厳密に言えば誤りです。正確に表現するなら、**「性格や能力はすぐには変わらない」**です。「来週」「来月」や、「次の模試」「次の試合」までには変えられないのです。

「自分は算数が苦手だから」と能力のせいにしたり、「自分は算数が嫌いだから」と趣味嗜好（性格）のせいにしたりしていたら成果は出せません。だから、努力や方法を改善する意識を持たせるために、すぐに変えられる「努力」「方法」にフォーカスしてもらう意味で、子どもたちには「性格や能力は変わらない」と教えています。しかし、時間をかけて努力を積み重ねれば、性格も能力も変えることができます。このことは、原因分類を教えるときに、あわせて子どもたちにちゃんと教えておきたいことです。

## 子どものマインドセットは親の声かけで決まる

では、そのことを小さな子どもに理解させるには、いったいどんな声かけをしていけばいいのでしょうか？　そのことがよくわかる実験をご紹介しましょう。スタンフォード大学の教育心理学者キャロル・ドゥエックは、小学生の子どもたちに図形的なテストを与えて解かせました。最初の正答率は上々です。実験はこの次です。

子どもを三つのグループに分け、「とても賢いね（能力をほめる）」と「とてもがんばったね（努力をほめる）」「ただ点数を伝えるだけ（比較対象）」というように対応を変えました。すると、そのあとに行ったテストでは、能力をほめられたグループは成績が下がり、努力をほめられたグループは成績が上がったのです。

子どもたちに何が起きたのでしょうか？　能力をほめられたグループは、「能力はもともと人に備わっているものだ（能力の**決定論**）」という考え方になり、その上で「周囲に能力を認められたい（**証明型**の学習目標）」と思うようになりました。一方、努力をほめられたグループは、「能力は自分の努力で変えられるものだ（能力の**成長論**）」という考え方になり、その上で「自分の能力を伸ばしたい（**習得型**の学習目標）」と思うようになりました。

「決定論・証明型」※のマインドセットを持っている人は、目標を「成功／失敗」の明確な白黒二つで判断します。状況が好転しているときは調子よく進みますが、状況が悪くなったときや失敗したときは自分の能力に対して悲観的になってしまいます。そして、「でき

※ドゥエックは「決定論・証明型」を「fixed mindset（固定的・硬直的マインドセット）」、「成長論・習得型」を「growth mindset（成長マインドセット）」と呼んでいますが、本書では「決定論・証明型」と「成長論・習得型」で統一します。

## 子どものマインドセットは親の声かけで決まる（決定論・証明型）

えっへん
天才！
えっ
翔太くんの
点数がよかったとき
どう声をかけていますか？
能力をほめると、失敗した
ときは自分の能力に
悲観的になってしまいます

ない」現実を直視したくないので、努力することを放棄して「俺はまだ本気出してないだけ」といった態度に逃げたりします。

「賢いね」と能力をほめられ、「決定論・証明型」へと誘導された子は、その後は失敗したくなくなります。テストを解けなかったら、「賢くない」ということになるからです。難しくなってきたら、「飽きちゃったからやらないだけ」だと思い込もうとします。難しい問題にチャレンジしないので、実力も上がりません。難しい問題に直面し、自分の実力に自信が持てなくなると、簡単な問題の成績も下がってしまいます。

しかも、自分の能力を証明しなければいけないと考えているので、結果を誤魔化そうとすることが増えます。ドゥエックの実験でも、賢さをほめられたグループでは40％弱の子がウソをついて点数を実際よりも高く自己申告しました。点数を伝えられただけの比較対象グループではウソをついた子は10％強だったので、その差は顕著です。ウソをついて成績を誤魔化すことは、成績が下がること以上にイヤだと思いませんか？　だとすれば、**賢さをほめることは、成績が下がる以上のデメリットがある**と言えますね。

「成長論・習得型」のマインドセットを持っている人は、具体的な目標達成よりも、どれだけ進歩が見られたかどうかに注目します。自己承認より自己成長を重視するので、難しい課題やネガティブな経験にも忍耐強く取り組みます。

「がんばったんだね」と努力をほめられ、「成長論・習得型」へと誘導された子は、失敗を恐れません。失敗しても、がんばれば認められると思うからです。問題の難易度が上がっても、「最初はわからなかったけど、よく考えたら解けるのが楽しい」と思うようになります。難問に次々と挑戦するため、実力が上がっていきます。

## 子どものマインドセットは
## 親の声かけで決まる（成長論・習得型）

努力をほめると
失敗から学ぶ意識を持ち
成績アップにつながります
それは
気をつけ！
ないとね！

できないものをできるようにするのが学習ですから、学習に失敗はつきものです。ですから、**失敗から学ぶ意識を持っている「成長論・習得型」のマインドセットを持つ子のほうが、学力向上・成績アップにつながります。**普段から声かけも意識していきましょう。

注意してほしいのが、**親バカなあまり「うちの子は天才だから」と言わないこと。「がんばり屋さんだから」と言いましょう。**逆もよくありません。よく、我々講師に謙遜《けんそん》のつもりで、「バカなうちの子をよろしくおねがいします」などと言う保護者の方がいらっしゃいますが、やめてください。どうしても謙遜したければ、「まだまだ努力が足りないところもあると思いますが〜」と言いましょう（そもそも講師相手にわが子のことを謙遜する必要はありません）。**天才かバカか、いずれであろうと才能に関する言及はよくないのです。**

## 子どもは「決定論・証明型」になりやすい

「決定論・証明型」の子と、「成長論・習得型」の子が言いそうなセリフ、取りそうな行動を生徒たちに具体的に考えてもらい、次ページの表にまとめたので参考にしてください。程度の差こそあれ、どの子も「決定論・証明型」のセリフを言いがちなものです。お子さんの日頃の発言はどちらのタイプが多いか、振り返ってみましょう。

生徒たちを見ると、「いつでも決定論・証明型の生徒」「いつでも成長論・習得型の生徒」という子もいましたが、多かったのは「得意科目では成長論・習得型で、苦手科目では決定論・証明型」という子です。「今、決定論・証明型の行動をしていなかったかな？」と問いかけると、ハッと気づいてくれますよ。

## マインドセット診断表

| | | 決定論・証明型タイプ | 成長論・習得型タイプ |
|---|---|---|---|
| 良い点を取ったとき | 言いがちなセリフ | ・オレ、天才<br>・(自分より点が低い人に)こんなのもできないの? | ・○○をやったのがよかった！　次も続けよう<br>・○○したらもっとよくなりそう |
| | 取りがちな行動 | ・特に何もしない<br>・ゲームする<br>・自慢する | ・できなかったところを練習する<br>・質問する<br>・復習する<br>・点の低い人にアドバイスする |
| 悪い点を取ったとき | 言いがちなセリフ | ・今回はしょうがない<br>・まだ本気出してないから<br>・(自分より点が高い人に)カンニングだろ? | ・悔しいよね<br>・(自分より点が高い人に)一緒にやらない? |
| | 取りがちな行動 | ・問題のせいにする<br>・テストを隠す<br>・自分より点の低い人を探す<br>・自分より点が高い人をウザいと感じる<br>・落ち込む | ・できるようになるために行動する(目標や計画を立てる)<br>・反省して次回に向けて役立てる<br>・自分より点が高い人に教えてもらう<br>・くじけない |

さて、ドゥエックの実験から、「周囲からの声かけによってマインドセットが決まる」とお伝えしました。でも、お子さんが決定論・証明型になったとしても自分を責めないでください。子どもの周りには親だけでなく、多くの大人や友達がいます。一つひとつ見れば親から受ける影響のほうが大きいでしょうが、トータルでは周囲から受ける影響のほうがより大きい、というのが現在の子どもの発達に関する心理学研究の結論です。

また、そもそも子どもは決定論・証明型寄りになりやすいものです。子どもには

子どもは「決定論・証明型」になりやすい

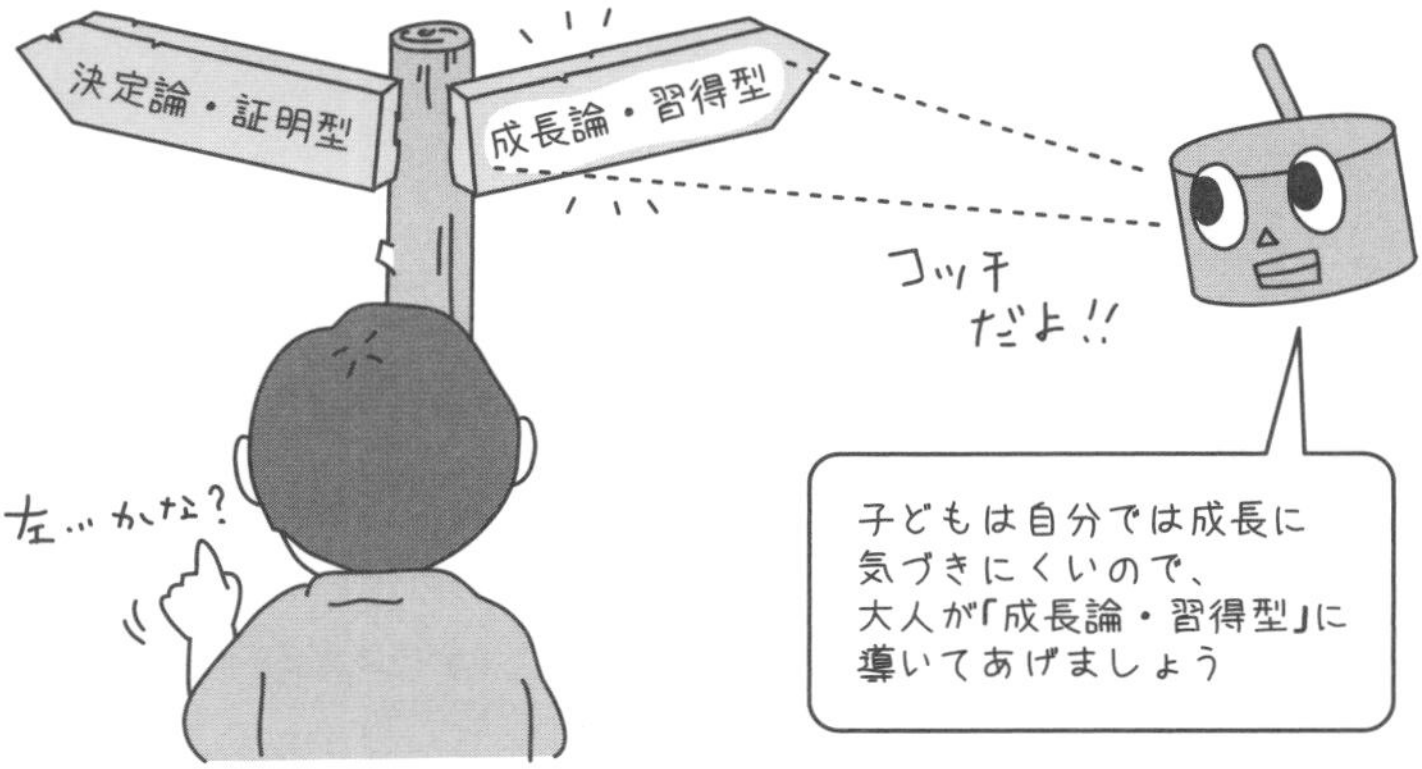
決定論・証明型
成長論・習得型
コッチ
だよ!!
左…かな?
子どもは自分では成長に
気づきにくいので、
大人が「成長論・習得型」に
導いてあげましょう

「今・ここ」を超えた視野を持つのは難しいことです。「結果」は「今・ここ」だけで見えますが、「成長」は見えません。「成長」を見るには、昔の自分をイメージする必要があるからです。そのため、子どもは決定論・証明型になりやすいのです。

決定論・証明型は他者比較です。他人は「今・ここ」で見えるので簡単に比べられますよね。一方の成長論・習得型は自己比較です。昔の自分は「今・ここ」にいないので、簡単には比べられません。データを残して振り返らないと比較できないわけです。ですから、**私たち大人が決定論・証明型寄りになりがちな子どものマインドセットを、成長論・**

**習得型に導いてあげる必要があるのです。**

実際、こんなことがありました。あるクラスの生徒たちが、模試の結果が返ってきて全員沈んでいました。偏差値が全員40台で、50に届いている子が1人もいない。「私たちバカだから…」という負の空気が漂っていました。そこで、クラス全員について過去の成績を確認してみました。すると、なんと全員が自己ベストを更新していました。スタート時はもっと低く、そこからここまで上がってきたのです。しかし、どの生徒もクラスの友達と比べるばかりで、自己ベストであることに気づいていませんでした。

決定論・証明型のマインドセットは、結局のところ学習に向かうモチベーションとして良いものではありません。「クラスで一番の生徒」など一握りの勝者は気分よく過ごせますが、それだって危ういものです。子どもが自分の才能よりも努力に注目し、自分を他者比較より自己比較で評価できるよう大人が手伝っていきましょう。

## お子さんは「決定論・証明型」「成長論・習得型」のどっち？

最後に、お子さんの現在のマインドセットが、決定論・証明型か、成長論・習得型かを試す心理テストを用意してみました。それぞれに「1：まったくそうは思わない／当てはまらない」「2：どちらかと言えばそうは思わない／当てはまらない」「3：どちらとも言えない」「4：どちらかと言えばそう思う／当てはまる」「5：とてもそう思う／当てはまる」の5段階でスコアをつけて、合計点を出してみてください。決定論・証明型と成長論・習得型のどちらが高いかで、お子さんのマインドセットがだいたいわかりますよ。

1（証明）学校や塾のテストで、人よりも良い成績を収めることが大事だと思う
2（習得）自分の間違いを指摘してくれる友人はありがたい
3（習得）間違えたときのテストの答案を後日に見返すことがある
4（証明）友達や家族・先生に賢い子だと思われたい
5（証明）解けた問題があったら、解けたことを周りにアピールしたい
6（習得）友達に、間違えた問題について質問することがある
7（習得）正解していても、自分と違う解き方も聞いて参考にしている
8（証明）間違えた問題の答案用紙を先生に見せたくない

9（証明）人からほめられると、いい気分になる
10（証明）テストのあとは、他の子の点数を気にして不安になったり安心したりする
11（習得）できなかった問題について、必ず解き直しを行っている
12（習得）塾や学校の先輩が受験に合格したとき、「どこに合格したか」よりも「どういう勉強をしていたか」が気になる

なお、どう考えても日頃の発言や行動を見ていると決定論・証明型っぽい子が、このテストでは成長論・習得型のほうが高いという結果になることもあります。それは、「理屈ではそう考えたほうがいい」と理解してはいるけれど、行動がともなっていないということですね。そういう場合には、わかっている分だけ早く言動も変えていくことができそうだ、と前向きにとらえておいてください。

まとめ

**能力をほめたり評価したりするのではなく、努力をほめたり評価したりしよう。努力によって子どもの実力が上がっていることに気づかせてあげることが、周りの大人の役割。**

# 4-6 なぜか本気を出すことができない心のブレーキ

「やればできるはずなのに、なんでちゃんとやらないの⁉」

お子さんを見ていて、そんな風にもどかしく思ったことがある方、多いのではないでしょうか。私も同じように、生徒を見ていてもどかしくなることがあります。理由はいろいろあります。例えば、我々が「やればできる」と思っているだけで、本人は「どうせできない」と思っている。だからやる気にならない。『小学生の子が勉強にハマる方法』にも書いたARCS[※]の「Confidence：自信」を欠いている状態です。それなら成功体験を積ませることで、自信を育ててあげればいいということになります。

しかし、自信はある、本人もやればできると思っている、それなのにやる気になれない不思議な心のメカニズムが働く場合があります。それが、今回お話しする心のブレーキ

※やる気を、「注意（Attention）」「当事者意識（Relevance）」「自信（Confidence）」「満足感（Satisfaction）」の四つに分類したもの

「セルフハンディキャッピング」です。

## 自己防衛のためのセルフハンディキャッピング

小さい頃から利発で、期待をかけて育ててきた。おじいちゃん、おばあちゃんや学校の先生からも「あの子は賢い子ね」と言われてきた。親としても悪い気はしない。そして、中学受験のために塾に通うことになった。最初は順調だったけれど、そのうち成績にかげりが見えてきた。すると、子どもは「勉強なんて何の役に立つの？」と言い出し、テレビやマンガ、ゲームをしてばかり。そうなったら成績はますます低下。本人も受験はしたいと思っていて、良い成績を取りたいけれども、どうにもやる気が出てこない。

「わが家のこと？」と思う方も多いはずです。この明らかな現実逃避が「セルフハンディキャッピング」です。もしお子さんがこの状態だったら、あるいは中高生になったときにこの状態になってしまったら、いったどのように対処すればいいのでしょうか？　こうしたときに、勉強することの意義を伝えたり、将来の夢やもう少し身近な目標を考えさせた

## セルフハンディキャッピング

今回は勉強しなかったから
こんなもんだよ
やればできるさ…
ママーッ
翔太が
ダーク
サイドに～
自己防衛のためセルフ
ハンディキャッピングに
陥っています


りしても、あまり効果は見込めません。現実逃避に走る理由は、「勉強が何の役に立つかわからないから」ではないのです。だって、もし役に立たないものに対してやる気がしないなら、テレビやマンガやゲームにもやる気は起きないはずですよね。

勉強をやってよかったという、終わったあとの満足感がないからでしょうか。私の経験上、子どもたちは問題が解けたときはとてもうれしそうな表情をするものです。もともと勉強が苦手な子であれば、そういう楽しさがないのはわかります。「やればできる」レベルの課題を与えてあげるなどの対応が必要でしょう。しかし、今回想定しているのは「やればできるのにやらない子」ですから、ちょっと話が違います。

こういったときに疑ってみる必要があるのが、自分のプライドを守るための防衛反応である「セルフハンディキャッピング」です。仮に成績が悪くても、「自分は勉強をしてないからこの成績なだけで、本当は頭が良いのだ」という言い訳の余地を残しておくことで、プライドを守ろうとしているのではないか、ということです。

あなたの周りにも、学生時代に定期テストの前などに「オレ、全然勉強してないよー」なんて言っている人はいませんでしたか？　恥ずかしながら、私はよく言っていました…。こういうことを言う人たちの中には、本当に勉強していない人もいれば、そう言いつつ裏ではちゃんとやっている人もいます。私は本当にやっていないほうでしたが(黒歴史です)。

やっかいなのは、子ども本人もこの「セルフハンディキャッピング」を自覚していない場合が多いことです。私も自分のプライドを守るために、そんなことをしていたなんて意識していませんでした。当然ながら成績はどんどん下がりますから、ちょっとやそっと勉強しても挽回《ばんかい》できなくなります。「本当にやらなきゃ！　やろう！」と思っても、どうにもならなくなってしまいます。中3〜高2くらいまでの間の私は、そんな自分を守るために、ますますやる気を無意識に封印することになりました。

「やらなかったからできなかっただけだ」「やればできたはずだ」——そう思い込んでいた時期は、努力しなくてもプライドを保てるので、ある意味で幸せな状態でした。しかし、この「俺はまだ本気出してないだけ」をいつまでも続けて大人になったらどうなるでしょうか。もし、30代40代となって当時のままのマインドだと、幸せを保つのはちょっと辛そうですね。もし「セルフハンディキャッピング」になっている子がいたら、できるだけ早くマインドを変えてあげたいですね。

私の場合には大学受験が目前に迫り、高校が受験ムード一色になっていく中で、クラスメイトの仲間たちが「菊池、一緒にやろうぜ」と声をかけてくれたことがきっかけとなりました。お子さんが「セルフハンディキャッピング」になっているなと思ったら、ご家庭でも一緒に勉強する時間を作ったり、目先のご褒美を用意してやる気を引き出したり、何

セルフハンディキャッピングに陥らない育て方

かしらのきっかけを用意してあげたいですね。

## セルフハンディキャッピングに陥らない育て方

また、私たち塾講師や親といった子どもを導く立場にある者が、意識しなければいけないことがもう一つあります。むしろ、ここからがこの節の本題です。

無意識に自分の能力にブレーキをかけてしまう。自分のプライドを守るために、本気を出して失敗したくないという気持ちが生まれ、いつの間にか本気を出せなくなる。とても怖い状態です。この「セルフハンディキャッピング」に陥りやすいかどうかは、子どものマインドセットによって変わると考えています。

「頭の良さ」が評価されるとなったら、子どもは頭が良いことを見せなければいけないと考えます。最も「頭の良さ」を示せるのはどういう状況だと思いますか？　それは、努力をしていないのに良い成績が取れたときです。逆に、「頭が悪い」と思われてしまう状況は、努力をしたのに良い成績が取れなかったときです。ということは、「頭が良いところを見せたい」と思わせてしまうことが、「セルフハンディキャッピング」に子どもを陥らせてしまう原因になるわけですね。

逆に「頭の良さ」ではなく、「がんばっていること」が評価されるとなったら、自分のがんばりにブレーキをかけるメリットも必要性もなくなります。つまり、前節でお伝えした**「決定論・証明型」のマインドの子が「セルフハンディキャッピング」に陥りやすく、「成長論・習得型」のマインドの子は「セルフハンディキャッピング」に陥りにくいということです。**

あらためて繰り返しになりますが、「頭が良いね」などの才能や能力をほめるのではなく、「よくがんばったね」と行動をほめましょう。「あなたのがんばりを見ているよ」「あなたががんばってくれることがうれしいよ」というメッセージを伝えましょう。

また、日頃から成績の良し悪しで一喜一憂したりしないようにしましょう。そして、もしテストの結果をほめるときには、「あのとき、こういうがんばりをしていたからだね」とテストに向けての行動に紐づけて、行動によりフォーカスしてほめましょう。

- 成果主義より行動主義
- 才能よりも努力

ぜひ、この二つを子育ての軸にしてくださいね。

**まとめ**

**頭の良さを見せたいと思わせてしまうと、無意識に自分で努力にブレーキをかけてしまうことがある。がんばる姿を見せたいと思わせるようにしよう。**

# 第5章

# 子どもを伸ばす親のマインドセット

僕たちの声かけが変わって数ヶ月
翔太の宿題チェック…っと
翔太のやる気が伸びてきている
ときなおし
メモ
パパー見て見て！
バタン
バタバタ
よかった…
昨日のテスト92点だった！
がんばったなあ！
算数
あ、ここと ここが解けてないね
次はそこもできるように…
ハッ
どよ～ん
やる気低下
あっ…しまった！
というわけで大失敗さ
せっかく翔太がやる気になったのに…
難しいわね…
ティーチャーこういうときはどうすればいいの？
正しい指導例を提示します

当然ですが叱るよりほめるほうがモチベーションアップにつなげることができます
つっ
でもできてないことは指摘しないとダメだろ?
いいえ
たしかに!!
やる気が出さえすればできていない点はやがて改善されるので指摘は不要です
もう一つ理由があります
できないことをできるようにするよりも、できていることを再現するほうが容易だからです
こっちのほうがカンタン
こないだみたいにやってみよう
わからない…どうしよう…
難易度;高
難易度;低
まぐれでもできた良い行動を習慣にさせるのか
ポン
それにしてもついイライラを子どもにぶつけがちだけど
フウ…
でもそれだと翔太の幸せを遠ざけるのね…
パパー
ママー
がんばろう
グッ
翔太のためだもんな
そうね私たちがやってあげられることだものね

## 5-1 なぜ、叱るよりほめるほうが子どもは伸びるのか？

本書を執筆している少し前のことです。伸学会スタッフの1人が、うれしそうに報告をしてくれました。最近担当している生徒が、積極的に質問をしてくれるようになったそうです。シャイで自分からはまったく質問できなかった子が、今は1日に四つも五つも質問してくるようになった。その変化が素晴らしかったので、塾のニュースレターの表彰コーナーで、その子のことを表彰したそうです。

すると、保護者さんから塾にメールがありました。「娘は『先生はちゃんと見てくれているんだね！』と言ってとても喜び、ますますやる気になっています」とのこと。それで、「こんなメールをもらいました！」と私に報告してくれたのです。良い変化を見つけて、ほめることの大切さがわかる話ですね。

この話には、まだ続きがあります。その報告を聞いた私は、他の子たちの未解決の問題行動を指摘し、「次はあの子たちの指導もがんばろう！」と、そのスタッフにエールを送りました。その結果、しょんぼりして「うれしい報告をしたのに、叱られたような気分になりました」と言ったのです。

私は「あ、やってしまった！」と反省し、一生懸命フォローしましたが、下がったテンションは戻りません。良い行動に目を向けてポジティブなフィードバックをしたスタッフとは対照的に、典型的なダメ上司の行動をしてしまったというわけです。自戒《じかい》と懺悔《ざんげ》を込めて、ここに告白いたします。本書を読んでくださっているあなたには、ぜひ私の行動を反面教師としていただければと思います。

## 子どもはほめられるとモチベーションが上がる

この出来事からもおわかりいただけると思いますが、**アドバイスをするより、ほめたほうが子どものやる気をシンプルに引き出せます。**私たち大人はついつい、まだできていない点に注目してしまいがちです。なぜなら、より良い成果を出すためには、できていないところを改善する必要があると思っているからです。子どもがテストで90点を取ってきても、まだできていない残りの10点分が気になって指摘してしまいます。私がしてしまったのと同じような失敗です。それでは、「次もがんばろう」「もっとがんばろう」というモチベーションにつながらないのはご覧の通りです。

**やる気が出て行動が増えれば、悪いところは遅かれ早かれ改善できます。**ですから、モチベーションを高めることが最優先なのです。そのために、改善点を指摘するよりも、できている点をほめることを心がけてください。

## 失敗を直すより成功を続けるほうが簡単

叱るよりもほめるほうがいい理由がもう一つあります。それは成功確率の問題です。例えば、植木算が苦手な子がいるとします。公式に当てはめて解こうとしても、木の数と間の数の関係がよくわかりません。1を引くのか、1を足すのか、いつも迷って混乱してし

子どもはほめられるとモチベーションが上がる

良い変化を見つけ
見逃さずほめることが
子どもの良い行動を増やし
悪い行動を減らす
一番の方法です
わかった！
おっ翔太ァ！
解き直ししてるのか！
エライぞー！！

まいます。しかし、試行錯誤の結果、実際に図を簡単に書いてみるとイメージできて解けました。このとき、「それもう一度やって！」と言われたら、再現できる可能性は高いはずです。これはどんなことでも同じで、**できないことをできるようにするよりも、できていることを再現するほうが容易です。**

子どもは宿題がちゃんとできるときもあれば、できないときもあります。宿題ができていなかったときに、「なぜ、できなかったんだろう？」と考えて改善するのは難しいですよね。それより、できていたときに「これが宿題成功の勝ちパターンか！」と気づかせて再現させるほうが、子どもにとって簡単です。

**良い行動を取れたとき、それを見逃さずにすかさずほめることが、子どもの良い行動を増やし、悪い行動を減らす一番の方法なのです。**まぐれでもできた良い行動をほめることで続けさせ、習慣にさせて、どんどん増やしていきましょう。自然と悪い行動は減っていきますよ。

以上二つの理由で、子どもへのフィードバックは、ネガティブなものよりポジティブなもののほうがおすすめです。ついついよかれと思って、悪い点を指摘して改善を促そうとしてしまうクセがあったら、今日から切り換えましょう。「叱るよりほめるほうが子どもが伸びる！」を日々意識してみてくださいね。

**まとめ**

**「叱る」より「ほめる」ほうが、モチベーションが高まり、良い行動が増える。**

# 5-2 アンガーマネジメントのすすめ

先日、伸学会のメルマガ読者の方からこんな感想をいただきました。

「子どもにいつもガミガミ言ってしまい、先生の動画を見るたびに反省するのですが、同じことを毎日繰り返して疲れています…。子どもはこんなに怒られて、ちゃんと育つのでしょうか？　心配です。デーンと構えられるお母さんがうらやましいです。独身の頃は、職場などでは常にクールで感情的になることは一切なかった私は、子どもが生まれてからすべての感情を子どもにぶつけるようになってしまいました。親になると、心配が増えて、こんなに変わるものなんですね…」

多くの方が同じようなことをおっしゃっているので、共感する部分があるのではないでしょうか。子どものこととなると、つい感情的になってしまうものですよね。しかし、**感**

**情をぶつけることは、子どもを成長させるという目的の達成を遠ざけてしまいます。**子どもの成長のために必要なのは、理性の脳である2階の脳を使わせ、パワフルに働くように育てることでしたね。

ですが、子どもに感情をぶつけてしまうと、子どもの感情の脳である1階の脳を刺激してしまい、2階の脳が働かなくなってしまうのです。感情同士のぶつかり合いは何も生み出しません。子どもを叱らなければいけない場面では、我々大人も1階の脳の感情的な反応を抑え、2階の脳で理性的な対応をすることが求められます。そこで、この節では子どものやらかしに冷静に対処できるようになるためのアンガーマネジメントの方法をお伝えします。

## アンガーマネジメント❶怒りの裏にある本当の感情を見つめる

喜怒哀楽と言えば、代表的な感情の代名詞ですが、じつはこの中にニセモノの感情が混ざっています。それが「怒り」です。怒りとは、悲しみや失望感、不安といった他の感情

## 怒りの裏にある本当の感情を見つめる

怒りの裏にある
本当の感情を
見つめましょう
翔太!!!
テストで悪い点を
取ることへの不安
宿題をしない
ことへの失望感
怒り
ピカー

がとても強くたかぶっている状態のことです。単独で怒りという感情があるわけではなく、その裏には必ず本当の感情が隠れています。

例えば、子どもが道路に急に飛び出して、「危ない！」と怒ったとします。その裏にある本当の感情は何でしょうか？　そう、不安ですね。子どもが車にひかれないかと不安になったのです。また、「ちゃんと宿題をやりなさい！」と怒ったとします。その裏にある本当の感情は何でしょうか？　ちゃんと宿題をしていないことに対する失望感、またはテストで悪い点数を取ることへの不安などが考えられます。受験で不合格になってしまうかもしれないことへの焦りかもしれません。

**カッとなってしまったときは、その怒りに任せて行動する前に、怒りの裏にある本当の感情は何なのかを考えてみましょう。**これは一種の「客観視」になります。つまり、2階の脳の働きです。2階の脳が働き出すと、冷静な自分を取り戻すことができます。できれば怒りがわいたときに、そのときが無理ならあとからでも、本当の感情を見つけるようにしてみてください。

## アンガーマネジメント❷落ち着くまで待つ

怒りは、不安や悲しみなどの感情がたかぶったもので、ニセモノの感情だ。だから怒りの裏にある本当の感情を見つめよう——そんなことを言われても、いざとなったらなかなか難しいものです。何しろこの怒りというのは瞬間的な急加熱ですから、とっさに反応してしまいますよね。もっと簡単に、ホットで素早い1階の脳ではなく、クールで遅い2階の脳を使う方法はないものでしょうか。

そこでおすすめのアンガーマネジメント初級編が、「落ち着くまで待つ」ことです。感

落ち着くまで待つ

パパさん
がんばって
ください
歌うと
怒りも
落ち着きますよね!
パパ、何で
トイレで
歌ってるの?
Toilet
このおおお
むなしさアア
を〜ウォウォ

情が急加熱していることを自覚したら、冷めるのを待つのです。どれくらい待てばいいのか？ 待てるだけ待ったほうがいいでしょう。感情が完全に落ち着くまで待つのが理想です。ただ、現実問題としてそうもいかないのであれば、少なくとも6秒待つようにしてみてください。そのたった6秒の間に感情が少し落ち着いて、2階の脳が動き出します。

6秒数える代わりに、心の中で「魔法の合言葉」を唱えるのも手です。例えば、「怒ったら負け、怒ったら負け、怒ったら負け…」と10回唱えるといいですね。気に入っている曲のサビをワンコーラス心の中で歌う、などもいいでしょう。「Happy Birthday to you…」

と心の中で歌い切ってから話し始めれば、その頃にはだいぶ気持ちも落ち着いているのではないでしょうか。

ある保護者の方は、一番うまくいったのは「怒りそうになったら、その場を離れる」ことだとおっしゃっていました。6秒と言わず気持ちが落ち着くまで距離を置き、冷静になってから話をするようにしたそうです。そうすると、ちゃんとお子さんと建設的な対話ができたとのことです。その場で怒りを抑えるよりも、その場を離れたほうがうまくいくというのはとても良い気づきだと思います。

ゲームのやり過ぎも、宿題忘れも、成績ダウンも、落ち着くまでのほんの数秒〜数分で事態が悪化するものではありません。カッとなって反射的に取る行動はだいたい失敗に終わります。時間を置き、冷静な2階の脳が帰ってきたあとで対応するようにしましょう。

## アンガーマネジメント❸記録をつけて評価する

## 記録をつけて評価する

パパ…　毎日怒ってるのね…
パパの アンガーログ
今日は98℃と沸騰寸前!
一昨日が95℃ 昨日は90℃で
キエエエエ

ここからは上級編です。アンガーマネジメント❶❷は「怒りたくなったら、どうするか?」という話でしたが、ここからは「怒ったあとで、どうするか?」という話です。感情は「今・ここ」の意識しかなく、場当たり的に動くものです。そのため、人間は同じ出来事に対しても、そのときの機嫌の良し悪しで怒り過ぎたり、甘過ぎたりしてしまいます。

しかし、それでは子どもは「怒られるかどうかは親の気分次第」ということを学び、顔色をうかがうようになるだけです。果たしてあなたがお子さんに教えたいのは、「私を不機嫌にさせるんじゃない」ということでしょうか。そうでないのであれば、一貫した基準で子どもにフィードバックを返したいですね。

**一貫した基準を持つために、怒りがわいた・子どもを叱ったときには、アンガーログとして残しましょう。**「どれくらいの強さで怒ったか」と「どのくらいであるべきだったか」を記録することで、「心の温度計」の基準を作るのです。水の沸騰《ふっとう》になぞらえて0〜100℃で評価してもいいですし、10段階評価でも5段階評価でも構いません。

データの蓄積が進むと、自分が何に対して怒りやすいのか、傾向がわかります。そして、「こういうことに対しては、このくらいの温度であるべきだ」と「条件つき行動計画」を決めておくと、徐々にその通りにできるようになっていきます。自分に対する「心の監督(メタ認知)」は、まさに子どもに持ってもらいたいものです。大人も日頃から意識して子どもに接しましょう。

## アンガーマネジメント❹事実を言葉で説明する

事実を言葉で説明する

この人はダラダラ勉強する
翔太にイライラしている
怒り過ぎかな…

アンガーログを書くのに慣れて、怒ったあとで振り返って状況を客観視することができるようになったら、次は怒っているまさにそのときに状況を客観視してみましょう。その方法が、事実を言葉で説明してみるということです。

2階の脳は、言葉で説明する脳です。自分自身の状況・事実を言葉にして確認すると、2階の脳が働き出します。「子どもが○○をした」という怒りの原因を考えると、ますます怒りたくなるかもしれません。ですから、子どもではなく、自分の状況を考えるほうがいいでしょう。**「この状況をiPadで撮影したら、自分はどのように見えるか」を考え、**

**言葉にしてみましょう。**

「この人は約束を守れなかった子どもに怒っている」「この人はダラダラ勉強する子どもにイライラしている」などと、第三者的な視点でまとめます。自分の状況を客観視するのは、冷静な対応のための第一歩です。これができるようになると、アンガーマネジメント❶にある、本当の感情を見つめることもできるようになります。「約束を破られたことによる怒りの正体は、期待を裏切られた失望感だな」といった具合です。

## アンガーマネジメント❺怒りの前提となっている思いに気づく

最後のアンガーマネジメントは、そもそも怒らないようにする方法です。怒りの正体は「強い感情」でしたね。強い不安・強い焦り・強い悲しみ・強い落胆など、ネガティブな感情が急加熱すると怒りになるのです。では、その不安や悲しみはいったいどこから来るのでしょうか？

## 怒りの前提となっている思いに気づく

お前が言うなッ
ハイハーイ
バーン!!
パパはよく怒りますけど～
怒りの正体である
不安・焦り・悲しみ・落胆は
どこから来るのでしょう?
冷静に考えると、どれも抱く
必要のない感情なのですよ
ネッ

例えば不安や焦りは、塾のクラスが落ちたら、受験に落ちたらこの子の人生が台無しになってしまうんじゃないか、そんな思い込みから来ています。この子に幸せな人生を送ってもらうためには、何が何でも第一志望校に合格してもらわないと！　しかし、当たり前ですが、受験に落ちたら不幸になるわけではありません。中学受験は4人に3人は第一志望に不合格になる世界です。第一志望に受からなくても、それぞれ他の学校に入学し、だいたい楽しく幸せな中学校生活を送ります。その先の人生も、中学受験で第一志望に不合格になったことでダメになるはずがありません。つまり、そんな不安や焦りを覚える必要はないのです。

また悲しみや落胆は、これくらいの成績を取ってほしい、これくらいの努力はしてほしい、そんな子どもへの期待や願望と現実とのギャップから来ています。しかし、これも考えればわかりますが、怒るような場面ではありません。期待や願望というのは、完全にこちら側の事情です。それが叶わなかったからといって、「裏切られた」と相手に怒り出すのは理不尽な話です。

このように、怒りの裏にある本当の感情の正体を見つけたあと、もう一歩進んでそれがどこから来ているのかを考えると、じつは本当の感情自体も誤ったものであったと気づくことが大半です。その誤りに気づければ、次に同じことが起こっても冷静に対処できるようになるでしょう。

これらアンガーマネジメントの技術を一つひとつ身につけて、子どものやらかしに冷静に対処できるようになっていきましょう。そうすれば、お子さんの2階の脳を育てることができますよ。

## わが子への怒りは愛情の裏返し

最後になりますが、怒ってしまうのは、それだけお子さんのことを大切に思っているからだということは覚えておいてください。愛しているからこそ、強く感情が動くのです。

この節の冒頭でご紹介したメルマガの感想をもう一度見てみましょう。

「独身の頃は、職場などでは常にクールで感情的になることは一切なかった私は、子どもが生まれてからすべての感情を子どもにぶつけるようになってしまいました。親になると、心配が増えて、こんなに変わるものなんですね…」


わが子と比べれば、職場に対して過度な期待も願望もなかったから、落胆したり不安を感じたりもしなかったのでしょう。当然のことですよね。我々プロの教育者でも、「わが子の指導はしたくない、無理だと思う」、みんな口をそろえて言います。私もイヤです。もちろん、お預かりしている生徒たちへの愛情も期待もありますが、わが子となると話は変わってきてしまうのでしょう。

だから、もしあなたがお子さんに対して怒ってしまったとしても、親失格ということではありません。むしろ愛情の裏返しだと知っておいてください。ただ、愛があったところで、怒りの感情が子どもの成長の妨げになるのは間違いありません。愛情が怒りとなって暴走しないように、お子さんへの愛が強い方ほどアンガーマネジメントの技術をしっかりと身につけてくださいね。

**まとめ**

**怒りに任せた感情的な対応は、問題を解決することにはつながらない。怒りの感情がわいたときには、反射的に行動せず、まずは時間を稼ぐこと。それができるようになったら、怒りの裏にある本当の感情を見つめ、その根本原因になっている自分の思いと向き合おう。**

# 5-3 子どもを伸ばす親のマインドセット

以前、メルマガ読者の方から、こんなお悩み相談をいただきました。

「子どもは小6男子ですが、中学の話（高校受験や中学の内申、転塾の話など）をすると、耳を手でふさぎまったく聞こうとしません。自主性や改善の姿勢がないと、先々の高校受験は難しいと思って色々伝えたいのですが、伝えようとするほど逆効果で、どんどんやる気を削《そ》いでしまうようです。何かいい方法はありますでしょうか？　効果的な方法や、今できること等あれば教えてください」

こういう「子どもが話を聞いてくれない」というお悩み、あるあるですよね。他に、YouTubeのコメント欄でも「お父さんが厳し過ぎて子どもたちが嫌いと言います。子育て、間違えたかもしれません。お父さんを好きになってほしいです」「間違いを指摘したり、わからない問題があったりすると、露骨にイライラしてすねたり、ノートや鉛筆にやつあたりをします」といったお悩み相談もありました。私は、これらの原因はだいたい同じだと考えています。これからお伝えするあることを実施していくと、親子関係が劇的によくなり、お子さんが耳を貸してくれるようになるでしょう。

## 子どもを叱った数の3〜5倍くらいほめよう

**子どもが親の話を聞いてくれない原因はほめる量が足りないためです。**「お母さん、お父さんはいつも怒ってばかりで嫌い。だから、話なんか聞きたくない」。そんな「感情」が、子どもが言うことを聞かない大きな原因です。あなたが言っていることが正しいかどうかの「理屈」の問題ではないので、正論を言ったところで意味がありません。

となると、解決策はとてもシンプルです。ただただ、ほめる量を増やせばよいのです。**結局、ほめることは親子関係を改善していくために、子どもがお父さん、お母さんの言うことを素直に聞くようになるために、とても効果的**なんですね。もちろん、多くの保護者

子どもを叱った数の３～５倍くらいほめよう

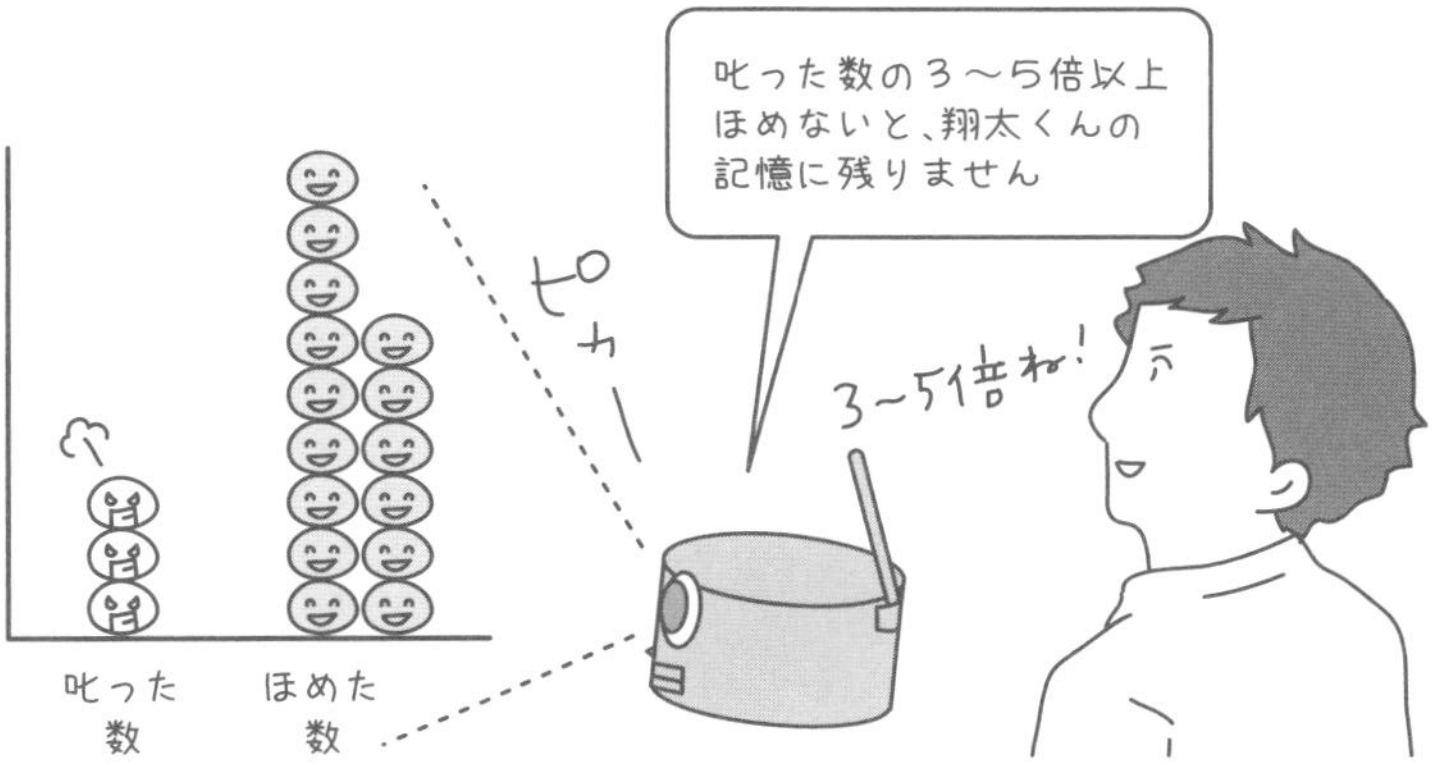
叱った数の３～５倍以上
ほめないと、翔太くんの
記憶に残りません
ピカー
３～５倍ね！
叱った数
ほめた数

さんは、意図的にほめないように厳しくしているわけではないと思います。もし、ほめると調子に乗るから、ほめないようにしているとしたら、その考えはすぐに捨てましょう。しかし、そういった方は少数派で、ご相談をされる多くの方は「ほめているつもり」とおっしゃいます。ただ、残念ながらお子さんに伝わっていないのですね。

一方、子どもたちは叱られたことはよく覚えています。だから、「お父さんお母さんはいつも文句言ってばかり、厳しいこと言ってばかり、嫌い」となりがちです。なぜなら、人間にはネガティブな情報のほうが強く印象に残るという性質があるからです。ノーベル経済学賞を受賞したダニエル・カーネマンの研究によると、**人間はネガティブな情報のほうがポジティブな情報の1・5〜2・5倍強く感じる**そうです。例えば、100万円損する（ネガティブ）のと、250万円得する（ポジティブ）のは同じくらいに感じられるということですね。これは「プロスペクト理論」と呼ばれるものです。

このため、ほめられたことはあまり記憶に残らず、叱られたイヤな印象はよく覚えているということが起こるわけです。残念ながら、なぜ叱られたのか、今後どうしたらいいのかという反省は記憶に残らないわけですが…。ただ叱られたことに対する不満・反発・イヤな気持ちだけが残っていきます。

ですから、**少なくとも叱った数の3倍、できれば5倍くらいほめないと、「お父さん、お母さんはいつも怒ってばかり。嫌い」となってしまいます。**実際にこうしたことを保護者セミナーの参加者に実践してもらったところ、親子関係が劇的によくなって、子どもが言うことを聞いてくれるようになったという報告がありました。

## ほめる前提で子どもを見る

では、どうすれば子どもをたくさんほめられるようになるのでしょうか。それは「良いところを探してほめる」と決めてしまうことです。**ほめるか叱るかを考えるのではなく、先にほめることを決定事項にしてしまい、何をほめるかはあとから考えて探すのです。**

なぜ、これが大事なのでしょうか？　それは、先ほどお伝えした「プロスペクト理論」と関係があります。子どもが叱られるというネガティブな出来事が強く印象に残るように、大人も子どものできていないところや悪い行動などネガティブな点が印象に残りがちです。90点のテストに対し、できていない10点を指摘したくなるのはまさに典型です。**「中立・公正」な視点で子どもを見ているつもりが、知らず知らずに「あら探し」をしてしまう**のですね。あなたの性格が悪いのではありません。それが私たち人間の性質なのです。

そこで必要になるシンプルかつ効果的な解決法が、**ほめる前提で子どもを見る**ことです。

## ほめる前提で子どもを見る

「そうは言っても、うちの子はほめるところが全然ないんです」——そんなことをおっしゃる親御さんが時々いらっしゃいます。しかし、そんなことはありません。良いところを見る練習をし、それを習慣にすれば、ほめるところはいくらでも見つかります。

例えば、保護者セミナーで受けたご相談でこんなものがありました。

「うちの子は漢字の勉強が嫌いで、なかなか始めないし、始めても『なんでこんなことをしなきゃいけないんだよ…』と、私に対してぶつぶつ文句を言ってきます。聞いていると、こちらがイヤな気分になってしまいます。やらなきゃいけないんだから黙ってやればいいのに…。どうしたらいいでしょうか？」

このようなことは、多くのご家庭で起こりがちですよね。イラっとして、叱ってしまったことのある方も多いでしょう。こういった状態のお子さんをほめなければいけないとなったら、あなたはどこを、どうほめますか？

このご相談に対して、私は次のように回答しました。

「嫌いな勉強をイヤイヤながらでも、我慢して取り組んでいるんですね。だったら、好きな科目の勉強を楽しみながらやっているときよりも、むしろほめてあげたいくらいのがんばりじゃないですか！　ぶつぶつ文句を言うのは、『僕は今こんなにも辛く苦しい気持ちなんだ。助けてお母さん』というSOSです。自分自身に置き換えて考えてみてください。仕事をする上で、楽しい仕事ばかりではありません。苦手な仕事、嫌いな仕事を担当しなければいけないこともあります。そんなときに親しい友人とご飯に行って、愚痴を聞いてもらうこともあるでしょう。何かアドバイスがほしいわけではなく、まして『仕事なんだからしょうがないじゃないか』という正論がほしいわけでもない。ただ、わかってほしい。

## 子どもをどう判断するかは親次第

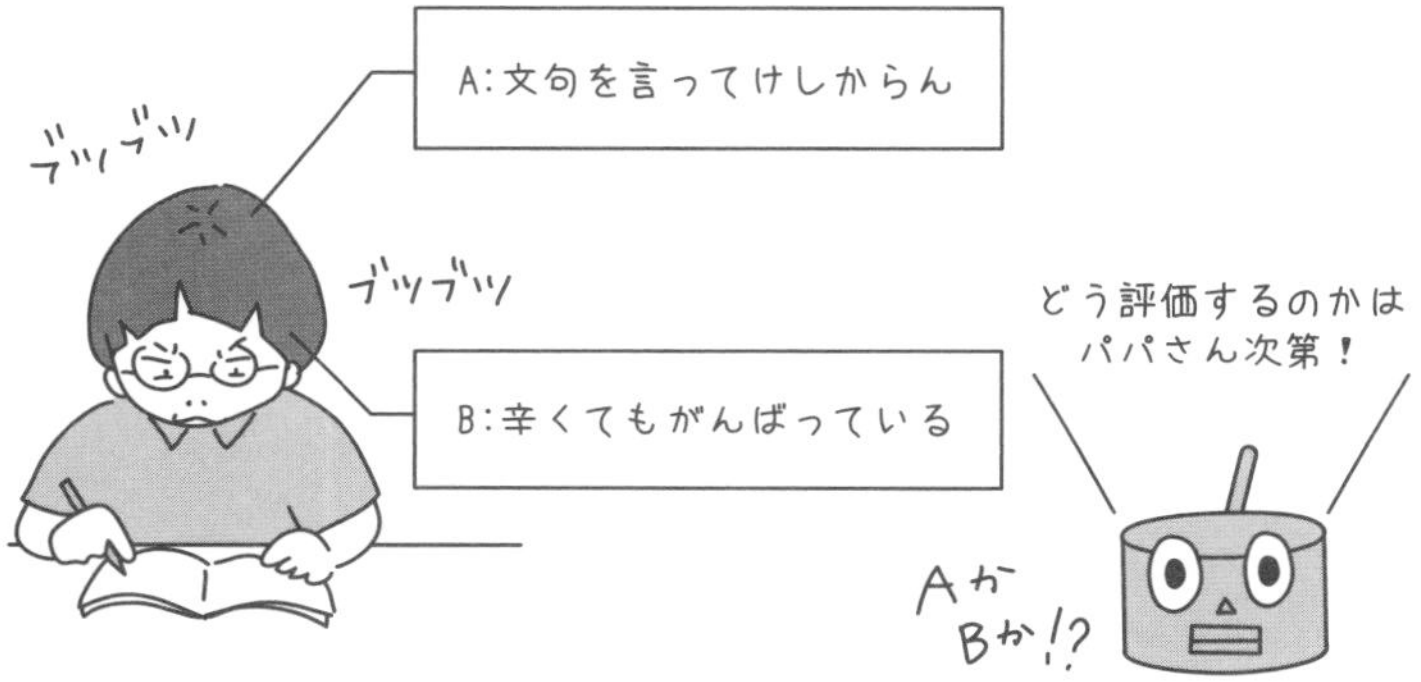
A:文句を言ってけしからん
B:辛くてもがんばっている
ブツブツ
ブツブツ
どう評価するのかはパパさん次第！
AかBか!?

『大変だね。がんばってるね』と言ってほしいだけじゃないでしょうか。子どもも同じです。『嫌いな勉強も我慢してがんばっててえらいね』と気持ちに共感するメッセージを添えてほめてあげれば、お子さんの気持ちも落ち着きますよ」

いかがですか。ほめるところは必ずある、とおわかりいただけたでしょうか。客観的な事実は、「勉強になかなか取り組まない」「ぶつぶつ文句を言っている」です。それをネガティブに評価するか、ポジティブに評価するかは、私たちが選べるのです。「文句を言ってけしからん」と評価することもできるし、「辛くてもがんばっている」と評価することもできます。どちらのほうが子どものやる気につながるか考えれば、私たちが選ぶべきは自ずと決まるはずですよね。

この章の1節で、ネガティブなフィードバックより、ポジティブなフィードバックのほうが効果が大きいとお伝えしました。ポジティブなフィードバックをするためには、ネガティブなところよりもポジティブなところを探すという心構えが大切になります。そして、誰が見てもポジティブに見えるところを評価するだけでなく、**一見ネガティブに見える事実をポジティブに評価することができるようになったら、さらにいいですね。**

**口先だけで心にもないほめ言葉を言っても、子どもには見透《す》かされてしまいます。**ほめるという「行動」の下に、良いところを見るというマインドを作るようにしましょう。また、『小学生の子が勉強にハマる方法』の4章7節に書いた「完璧主義と最善主義」の話も、親のマインドセットとしてとても大切なので、合わせて読んでみてください。

**まとめ**

**子どもをやる気にさせて伸ばすためには、ポジティブなフィードバックが大切。**

**そのためには先に「ほめると決める」、あとから「ほめるところを探す」が有効。**

# 第6章

# 「1 on 1トーク」で子どもの行動を振り返る

今日の勉強おわりっ
がんばったな!
パタン
今日はー
すっかり定着した反省会だけど…
もっといい方法があるんじゃないティーチャー?
1on1トークをやってみますか?
1on1トーク?
なんだそれ?
これまでやってきたコミュニケーション法と、KPTのフレームワークを組み合わせた
行動振り返り用の会話法のことです
この三つに分けて振り返りをする
keep
良いこと、今後も続けること
Problem
課題、修正が必要なこと
Try
新たに取り組むこと
KPTフレームワークってこないだ会社でやったわ
あ!
進め方は次の通りです
1on1トークの進め方
・5〜10分間で「話し手」が振り返る
・「聞き手(書き手)」は、5W1Hで質問する
・主役は話し手。聞き手は話し手を手伝う
実施する上での注意点
・聞き手が意見を言うことは控える
・聞き手は話し手が話し始めるまで待つ
・話し手の解決策の試行錯誤に付き合う
ピカー
けっこうあるな…
ふ〜ん?
実際にやってみますか?
え!やるやる!

パパとママは質問係です 翔太くんが答えてください
質問はこれです メモも忘れずに
今日一番がんばったことは？
それじゃあ始めるわね
ドリルをやって振り返りをやったよ
どうしてそのがんばりができたの？
えーと
点数が上がるかなと思ったから
がんばれなかったときとは何が違った？
今日失敗したなと思うことは？
それはね…
どうして失敗しちゃったんだろ？
うまくいったときとは何が違ったんだろう？
ちゃんとノートを取ってなかった
…
しーん…
すごい！課題が見えてきた！
やったー
スゴイ!!
やったね!

# 6-1 1on1トーク ～講師と生徒編～

この章では「1on1トーク」を紹介します。今までお伝えしてきたコミュニケーション法と、KPTのフレームワークを組み合わせた、行動振り返り用の会話法です。KPTのフレームワークとはKeep（良いこと、今後も続けること）、Problem（課題、修正が必要なこと）、Try（次回新たに取り組むこと）で考えを整理するものです。

伸学会では、子どもにわかりやすいようGood（良かったこと、うまくいったこと）、Bad（悪かったこと、うまくいかなかったこと）、Next（次までにすること）に置き換えて実施しています。もとは、スタッフ内の人材育成のために考案したものでした。現在もスタッフ間で日常的に実施し、このフレームワークに従って振り返りを行います。方法は次の要領です。

## 1on1トークで聞く力を鍛える

**・主なフレームワークはGood、Bad、Next**

| Good | Next |
|---|---|
| Bad | Retry |

・ポジティブなことをたくさん見出すほうがいい。その継続を目指す
・ラスト1~2分は次への行動を考える

**・聞き手は5W1Hで質問し、深掘りする**

| | |
|---|---|
| What | 例えば具体的にどんな状況? |
| Why | なぜ、そう思う?(詰問口調にならないよう注意!) |
| How | どの程度そう思う? どんな気持ち? |
| When | どういうときそう思う? |
| Where | どんな状況でそう感じる?(仕事、家事、会話など) |
| Who | どの人に似ている? |

・5~10分間で話し手が「その週の自分の行動を振り返る」「模試の結果を振り返る」などのテーマで行う。
・聞き手は5W1Hで質問し深掘りし、フレームワークにメモする
・主役は話し手であり、聞き手は話し手の頭のフル回転を手伝う
・聞き手が意見を言うことは控える(解決策を提示しない)
・聞き手は沈黙を恐れず、話し手が話し始めるまで待つ
・話し手の言葉を奪わず、解決策の試行錯誤に付き合う

以下、実際に講師が生徒相手に行った事例を紹介します。次ページの上図は、5年生の二学期に行ったものです。テストの直後ということもあり、具体的な話がたくさん出てきています。これは特にうまくいったトークですので、こんなに情報が出てこなくても心配しなくていいでしょう。下図は、オンライン上で行ったものです。フレームワーク自体も多少アレンジしています。Googleスプレッドシートで管理し、実施するごとに次のシートに付け足し続けているので、過去の内容もすべて見ることができます。

どちらも書かれている内容は、すべて生徒本人の言葉です。講師は質問しただけです。大人の視点から見ると、あれこれ言いたくなるかもしれませんが、目的は生徒が自分自身で考える力をつけることです。大人から見てうまくいかない計画も、宣言通りやらせてみます。もし、うまくいかなかったら、また1on1トークをして失敗の原因を振り返り、次の計画を立てます。実行と修正を繰り返すプロセスを通じて、子どもに少しずつ学んでもらうのです。

## 5年生の二学期に行ったケース

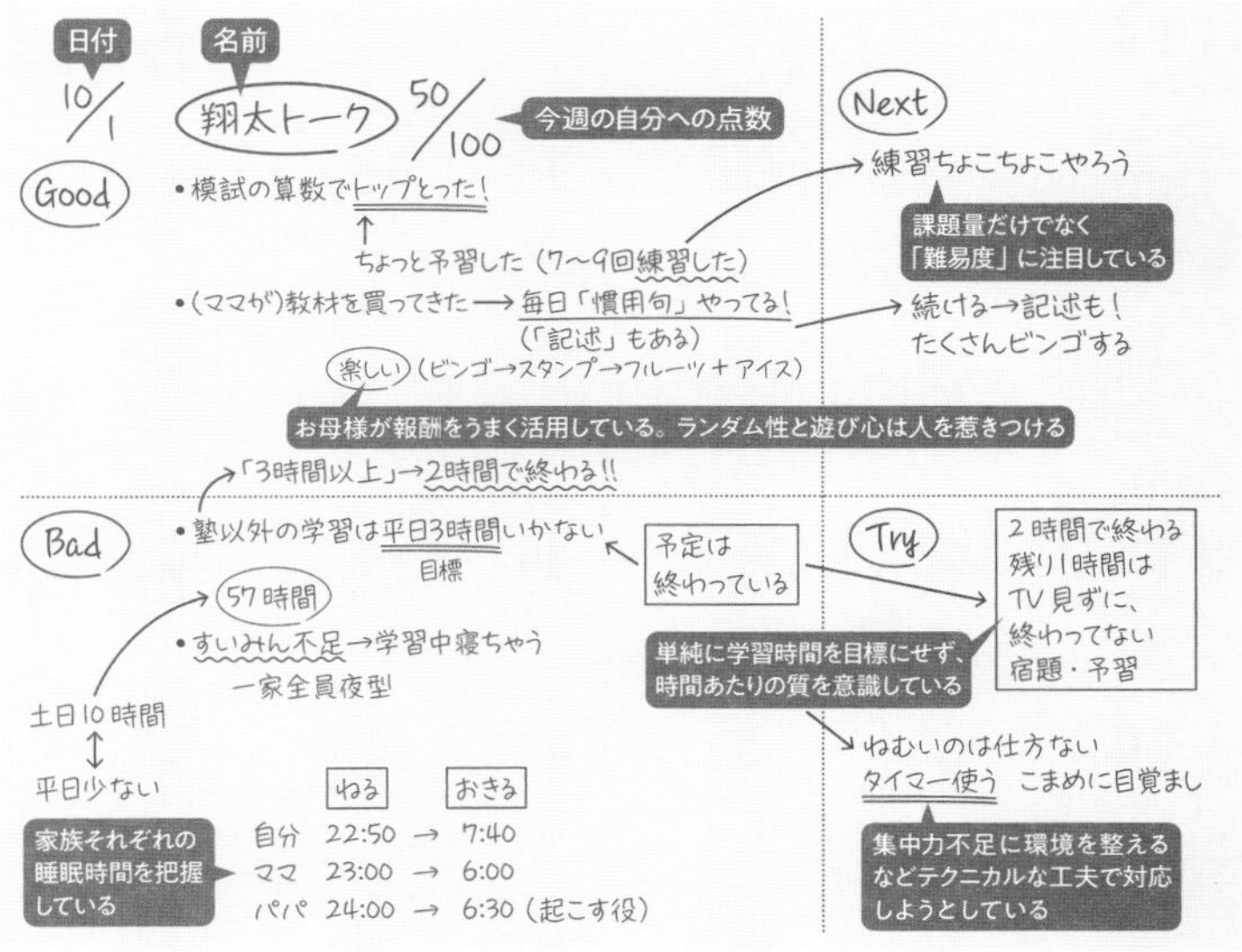
日付
名前
10/1
翔太トーク
50/100
今週の自分への点数
Good
・模試の算数でトップとった!
ちょっと予習した(7〜9回練習した)
・(ママが)教材を買ってきた→毎日「慣用句」やってる!
(「記述」もある)
楽しい(ビンゴ→スタンプ→フルーツ+アイス)
お母様が報酬をうまく活用している。ランダム性と遊び心は人を惹きつける
Next
練習ちょこちょこやろう
課題量だけでなく「難易度」に注目している
続ける→記述も!
たくさんビンゴする
「3時間以上」→2時間で終わる!!
Bad
・塾以外の学習は平日3時間いかない
目標
予定は終わっている
57時間
・すいみん不足→学習中寝ちゃう
一家全員夜型
土日10時間
平日少ない
ねる
おきる
自分 22:50 → 7:40
ママ 23:00 → 6:00
パパ 24:00 → 6:30(起こす役)
家族それぞれの睡眠時間を把握している
Try
2時間で終わる
残り1時間は
TV見ずに、
終わってない
宿題・予習
単純に学習時間を目標にせず、時間あたりの質を意識している
ねむいのは仕方ない
タイマー使う こまめに目覚まし
集中力不足に環境を整えるなどテクニカルな工夫で対応しようとしている

## Googleスプレッドシートを使ったケース

今週の翔太：49点　　今週の勉強時間：52:45

| | | | |
|---|---|---|---|
| 【よかった行動】 | | 【先週立てた目標】 | 【結果】 |
| 毎日最低でも5時間以上勉強できた | 学校が休みだったから | ①学習記録の点数を毎日変えて、1週間で65点以上!明日の目標を毎日変える | 毎日変える○、65点以上×、明日の目標△(1日被った、内容△) |
| 2日間10時間以上勉強できた | 電子書籍はやめたから読書で時間を使いすぎることはなくなった | ②毎日、予定通り行動する | 夕食時間が守れない時があった |
| | 夕食が長すぎると勉強時間が減ることもある | ③部屋(机の上、床、ランドセルを置く棚、教科書を置く棚)を片づける | 床△、ランドセルを置く棚×、教科書を置く棚△ |
| | | ④読書は1回あたり15分。昼食後は読書しない | 電子書籍はやめたから達成できた |
| | | | |
| | | 予習シリーズは、来週までに今やってる回の次々回(の途中)までいきたい | →算数社会は2回分できた。国語理科は1回+途中まで |
| | | | |
| 【ダメだった行動】 | | 【来週チャレンジすること】 | |
| 昼食がカップラーメンばかりになってしまった | 夕食でおかず出るからいいかな… | ①学習記録の点数を毎日変えて、1週間で65点以上!明日の目標を毎日変える | →目標は具体的に書く! |
| | | ②毎日、予定通り行動する | →夕食の時間に注意! |
| | | ③部屋(机の上、床、ランドセルを置く棚、教科書を置く棚)を片づける | →ランドセルを置く棚を片付ける! |
| | | | |
| | | 予習シリーズは、来週までに1回半進めたい | |
| | | | |
| | | | |

# 6-2 1 on 1トーク 〜生徒自身の「次回への戦略」編〜

続いて、6年生が二学期の過去問演習で書いた「次回への戦略」を紹介します。基本的なフレームワークは先ほどの1 on 1トークと同じで、模試や過去問の結果を踏まえた学習の振り返りに使っています。いわゆる、合格に近づくための作戦会議みたいなもので、「今の自分に何が足りないか、何をすればいいのか」を考えるためのものです。

前節で紹介したものと違い、生徒自身が書き、それに講師がアドバイスをつけています。自分で振り返りを行いながら学習の自己調整を行っていけるように、講師がサポートする形です。以下、実際に生徒に配っている資料と実践例を紹介します。

左図は、「何を書けばいいのかわからない」とならないように、書くべきことを並べた

## 6年生の二学期に行ったケース（書くべきこと）

### Good（よかったこと）

- 今回、得点できた範囲
  →得意だった？ 日頃のどういう練習の成果？
- 正解数、正答率
  →スピード上がった？ ミスが減った？ どの練習の成果？
- 今回、時間をかけて正解だった問題
  →得意な範囲になった？ ギリギリ取れる難易度？
- 取りかかる順番
  →「問題を選ぶ力」「時間感覚」はついた？ 練習した？

### Next（次までにどうする？）

- 次回までに練習する範囲
  →具体的に単元を決める、ここから類題を探す、取り組み予定を決める、「行ったきり」を防ぐ
- スピードアップの工夫
  →「反復で慣れる・時間を測る・難問を捨てる」でうまくいかなければ修正
- ミスを減らす
  →1問解くたびに見直す、問題文に印つける、ラストに見直す

「なぜなぜ思考」で深掘りしよう

### Bad（悪かったこと）

- 今回、得点できなかった範囲
  →苦手だった？ ケアレスミス？ 練習不足？ 理解不足？
- 正解数、正答率
  →スピードが足りない？ ミスが多い？ 練習不足？
- 今回、時間をかけて失敗だった問題
  →なぜ、その問題にこだわってしまったのか？
- 取りかかる順番
  →「時間感覚」ついた？ 練習した？

具体的に次の行動を決めよう

### Try（次回どうする？）

- 時間配分
  →具体的に決めて次回実行する、やってみてうまくいかなければ修正
- 集中力
  →瞑想・深呼吸
- ミスを減らす
  →1問解くたびに見直す、問題文に印つける、ラストに見直す、やってみてうまくいかなければ修正

ものです。これを参考にしながら書いてもらいます。次ページの実践例を見てもらえばわかると思いますが、うまくいったこと・うまくいかなかったことの理由も考え、具体的に次の行動として何をするか書いてもらっています。講師はその内容に対して、具体性を高めるようアドバイスをつけたり、すでに具体的に書けているところを承認したりしています。

## 6年生の二学期に行ったケース（実践例①）

### Good

- 記述二つのうち、どっちも点がもらえた！
  ↑何を書けばいいか大体わかったから
- 記号の選択問題がほぼあってた！
  ↑文章を読んで何を言いたいのかがわかったから

失敗理由を深掘りして考える

### Next

- 類義語を勉強する
  ↑ いつですか？

Nextは「関連あり」「期限つき」「具体的」「計測可能」「これならできる」で！

### Bad

- 類義語と慣用句がダメだった
  ↑どっちもあまりちゃんとやってなかった
- 問題をちゃんと読んでなかったり、解答用紙をちゃんと見てなくて落とした問題あり
  ↑問題、解答用紙をちゃんと見る習慣がついてない、前回のTryを思い出せてないから

### Try

- 前回のTryを絶対思い出す！

見直したほうが早くて正確ですよ

- 解答用紙をちゃんと見て「解くの忘れてた！」みたいなことがないようにする

## 6年生の二学期に行ったケース（実践例②）

### よかったこと

### 次までにすること

- とりあえず類題や宿題は暗記単元を中心に取り組む

具体的にどこだろう？類題探しを手伝うよ

苦手単元は過去問で見つけて確実に一つずつつぶしていく

受ける学校の問題傾向にあわせて必要なところを取捨選択

### 悪かったこと

- 得意科目の理科で足を引っ張ってしまった
  - ①得意な力学を確実に取れなかった
    焦った→急いでやってじっくり考えられなかった
  - ②語句・暗記が取れなかった
    理科は知識が少ない
    →アウトプットを増やして知識を増やす

社会と違って覚えればある程度点が取れる

複数の理由を別の面から挙げているね

### 次回気をつけること

- 力学を最初にやってそこで点を取る作戦で
  暗記単元が点がのびていく前までは、本番は力学に時間をかける
  暗記単元は力がついてきたら、少ない時間ですばやく解く

12月ぐらいまでには、一通り苦手単元をつぶしていきたい。力がついてきたら時間配分はもう一度考え直す

ここまで考えられるのはすごい

これは本番ための実験として、もしこうしたら、こうなったという経験を積んでおく

# 6-3 1on1トーク〜親子で実践編〜

子どもの成長を促すためには、日々振り返りをするのが効果的だということはおわかりいただけたと思います。あなたも、きっとやってみたいと感じていますよね。しかし、実際にやってみると、思った以上に難しいと感じると思います。なにしろ、子どもたちと定期的にやっている私たちでも大変なのですから。

そこで、まずは簡単なやり方から始めることをおすすめします。KPTのフレームワークで何をどの順番に聞いてもいいとなると、不慣れな保護者さんにはハードルが高くなります。まずは1問1答形式で、順番に聞いていくことから始めましょう。

①今日（今週）自分が一番がんばったなと思うことは何？

②どうしてそのがんばりができたの？
③がんばれなかったときとは何が違ったの？
④今日（今週）のことで失敗したなと思うことは何？
⑤どうして失敗しちゃったんだろう？
⑥うまくいったときとは何が違ったんだろう？
⑦明日（来週）がんばりたいことは？

これらを順番にインタビューしていき、書き取っていけばOKです。慣れてきたら、「どうして」の理由がクリティカルなもの、つまり自分でコントロールできる行動に行きつくまで、何度も問いを発して掘り下げていくことができるようになるといいですね。

## 1on1トーク親子実践例①

実際の例が次ページになります。本人が「もう少し復習すればよかった」と、「内的・可変」な自分の行動に着目して回答できていますね。そして、「もう少し復習」とは何をどれくらいしたらよいかを、問いを通じてさらに掘り下げようとしているのがいいところです。

## 1on1トーク親子実践例①

**①今日(今週)自分が一番がんばったなと思うことは何?**

公開模試の社会を集中してがんばった

**②どうしてそのがんばりができたの?**

公開模試でも点数を上げようと思ったから

**③がんばれなかったときとは何が違ったの?**

「最後までがんばらなきゃ!」という気持ちがあったから

→今回は塾のクビがかかっているし、がんばっておこうと思ったから

**④今日のことで失敗したなと思うことは何?**

国語のテストがひどかった…

**⑤どうして失敗しちゃったんだろう?**

・やっぱりもう少し復習すればよかった
・公開模試は同じ問題は出ない→国語力を上げるためには?→音読かな
・問題を早く読むこと→速読またやろうかな
・あと漢字も→漢字ができれば点数も上がる

**⑥うまくいったときとは何が違ったんだろう?**

コツコツやっていなかったから

→計画はできるだけ毎日やってたから、できるようになってきた

・いつもの塾の宿題、小テスト漢字→3回練習すればOK
・小4〜漢字対策→漢字ガイダンスを毎日半分やる

**⑦明日がんばりたいことは?**

時間を守る

## 1on1トーク親子実践例②

続きまして、こちらの例も「さえてる日はよくできる」→「さえてる日はどんな日？」→「眠くない日」→「さえてる日を増やすにはどうする？」→「やっぱり早寝早起き！」とうまく思考を深められていますね。

子どもは「なぜ？」を考えたときに、「やる気があったから」「やらなきゃいけないと思っていたから」といった理由を挙げることが多いものです。ただ、「うまくいかなかったときにはやらなきゃいけないと思っていなかったの？」と聞くと、「いや、思っていた」という答えがだいたい返ってきます。

つまり、「やらなきゃいけないと思う」ことは、成功のための方法とは言えないということですね。そこで効果的なのが、失敗したときと成功したときを比べてみることです。その違いを考えると、「眠くないときはがんばれる」といった、本当の要因が見えてきます。参考にしてみてください。

## 1on1トーク親子実践例②

**①今日(今週)自分が一番がんばったなと思うことは何?**

ロッテリアで勝手に食べずに親にきいたこと

**②どうしてそのがんばりができたの?**

正直じゃないと怒られないか不安になるから

**③がんばれなかったときとは何が違ったの?**

やっぱり正直が一番!ビクビクするから

**④今日のことで失敗したなと思うことは何?**

個別で先生とおしゃべりしすぎて問題を解く量が少なくなった

**⑤どうして失敗しちゃったんだろう?**

白木先生といると楽しいから

**⑥うまくいったときとは何が違ったんだろう?**

真剣さがちがったな…自習室でさえてる日、ねむくない日はできる

↑さえてる日を増やすためにどうする?

「やっぱり早寝早起き」

→計画表の見直しが必要

就寝10:30〜11:00がほとんど

これがいけない

**⑦明日がんばりたいことは?**

塾をしっかりがんばりたい

→そのために理科・社会クイズはやめてねます…

## 1on1トーク親子実践例③

こちらの例はまた別の日の振り返りですね。「失敗」のほうを見てください。休憩時間を延長してしまい、勉強開始時刻が予定よりも30分遅れてしまいました。30分だけ休憩のつもりが60分になってしまったようですね。

本人が自分の口で「延長はナシだな。きりがない」と言っています。聞き手のお母さんは、ちゃんと自分でわかっているんだと安心したそうです。この1on1トークを始める前までは、怒ってばかりだったそうです。「わかってないから、わからせなきゃ！」と必死だったんですね。でも、子どももちゃんとわかっていると知ることができて、だいぶ心が平和になったようです。

本書で繰り返しお伝えしてきたことですが、だいたいの場合において、子どもは言われなくてもちゃんとわかっています。わかっていることを他人から指摘されれば、へそを曲げたり意地をはったりしてしまうものです。それでは改善にはつながりませんね。余計なことは言わなくてもいいのです。本人の気づきを聞いてあげてください。

## 1on1トーク親子実践例③

**①今日（今週）自分が一番がんばったなと思うことは何？**

頭が痛かったけど授業を最後までやりとおした

**②どうしてそのがんばりができたの？**

最後まで授業を受けたい気持ちがあった

**③がんばれなかったときとは何が違ったの？**

やる気！←これがすべて

自分が納得するまでやり切ること、あと先生に悪いな…という気持ち

**④今日のことで失敗したなと思うことは何？**

休けい時間延長「あとちょっと！」事件

→結果、30分開始遅れ

**⑤どうして失敗しちゃったんだろう？**

休けいは30分くらいがベストかな

これ以上長いとダラダラ…

TV見るのはいいけど、延長はナシだな。きりがない

**⑥うまくいったときとは何が違ったんだろう？**

オレの体内時計では30分休けいがベスト！

30分休んで、「すぐ始めて終わったらごほうび」がいいと思う

↓

TOPPOがいいな

**⑦明日がんばりたいことは？**

今日解けなかった計算の解き直し

→わかるまでパパとやる！似た問題をできるようにする

## 1on1トーク親子実践例④

こちらの例は「どうしてそのがんばりができたの？」に対しての回答が、「たまたま目が覚めたから」となっています。原因分類で考えると「外的・可変」な要因である「運」という考え方ですね。良い行動ができるかどうかが運任せでは、継続して成果を出すことは望めません。むしろ、こうして子どもがたまたま良い行動ができたとき、その理由を見つけて再現可能にしてあげることこそ、私たち大人の仕事です。前日早く寝たから？　アラームをかけておいたから？　何をしたら、次もまた早く起きることができるのでしょうか？　問いを通じて掘り下げていきたいですね。

失敗のほうも見てみましょう。失敗理由が「外遊びをたくさんして疲れたから」となっています。そして、「疲れているときは早めにお風呂に入って1回リセット」という今後の方針を立てています。これには、「疲れないためにはどうしたらいいか？」という問いを投げかけたいところです。

テストが終わったあとの振り返りで、「もっと良い点を取るためにどうする？」と聞か

## 1on1トーク親子実践例④

**①今日(今週)自分が一番がんばったなと思うことは何?**

早く起きて本を読んだ（6：00ちょっと前）

**②どうしてそのがんばりができたの?**

たまたま目が覚めたから

**③がんばれなかったときとは何が違ったの?**

早起きしても、6:30までテレビを見てしまっていた

**④今日のことで失敗したなと思うことは何?**

夕食後、勉強にとりかかるまで時間がかかった

**⑤どうして 失敗しちゃったんだろう?**

少し疲れていたから

↓

外遊びをたくさんしたから

**⑥うまくいったときとは何が違ったんだろう?**

疲れていないときは、ごはんあと眠くならないのでできる

↓

疲れているときは、早めにおふろに入って1回りセットする

**⑦明日がんばりたいことは?**

13：00からすぐに勉強する

れて、「計算ミスをしないように気をつける」「問題文を読み間違えないようにする」などテストのときにどうするかを答える子は成績が伸びません。成績が伸びる子は、テストまでにどんな勉強をして準備を整えるかを答えます。

同じことが、日々の行動の振り返りでも言えます。疲れたらどうするかではなく、疲れないようにするためにどうするか、事前の準備について考えられる子は成績が伸びます。自然とそれができる子は少ないので、私たち周囲の大人が、問いを投げかけて考えさせてあげましょう。

## 1on1トーク親子実践例⑤

次の例は、あと一歩でとてもよくなる振り返りです。とても惜しいですね。「明日はやる！」と昨日決めたから、とあります。そう、人は計画を立てるほうが、行き当たりばったりよりも良い行動ができるものです。「前日のうちに計画を決めておくのが勝ちパターン」としっかり自覚させ、毎日翌日の計画を立てるように誘導したかったですね。

## 1on1トーク親子実践例⑤

**①今日(今週)自分が一番がんばったなと思うことは何?**

1人で社会を集中してできた(45分)

**②どうしてそのがんばりができたの?**

「明日はやる!」と昨日決めたから

**③がんばれなかったときとは何が違ったの?**

そろそろ6年になるし、がんばろうと思った

**④今日のことで失敗したなと思うことは何?**

計画していた勉強、最後の一つができなかった

**⑤どうして 失敗しちゃったんだろう?**

ねむかったから

↓

ねむくなる前に(もう少し早くから)やればよかった

**⑥うまくいったときとは何が違ったんだろう?**

**⑦明日がんばりたいことは?**

社会のオンラインテストを塾に行く前にやる

失敗の原因のほうも、あと一歩。惜しい。「もう少し早くからやればよかった」とあります。その「もう少し」は何分前でしょう？　何分前の何時から着手すればよかったのでしょうか？　それを確認して、次回からの予定に組み込みたいところですね。せっかく成功・失敗の原因が自分でコントロールできる「行動」になっているのですから、次はどうするかを約束するようにしたらいいですね。

## 「どうして解き直しが嫌いなのか？」話し合い議事録

次の例は、ＫＰＴのフレームワークではありませんが、「どうして解き直しが嫌いなのか？」について話し合った議事録です。以前、解き直しに時間がかかって母親に怒られたことがあって、トラウマになったという本人の本音が出てきました。怒るのは子どもの行動の改善にはつながらない、ということがよくわかりますね。

そして、これを正直に言うことができたのも、保護者さんがアンガーマネジメントの技術を実践し、怒らずに話を聞くことを繰り返して、子どもの信用を勝ち取ったからです。本音を言っても怒らないと信じたから、子どもは話してくれたわけですね。本人もやらな

## 「どうして解き直しが嫌いなのか？」話し合い議事録

・いつから嫌いなの？　どうして？
4年の後半。解き直しに2時間かかり、私に怒られたから（トラウマ）

・やらなきゃいけないのはわかってる。
でも、やりたくない

・どうしたらできるようなりそう？
①算数がある日、習ったところをもう一回やってみる。
よむだけでも

② ・計、計十一行題 ── その日はやって丸つけだけ
1日のセット ・前日の解き直しをやる

をやってみる

毎日の勉強
①計、計十一行題
②漢字
③音読
④塾の宿題…できるだけ休み時間にやってくる！
⑤算数の日

きゃいけないことはわかっていて、でもやりたくないという葛藤《かっとう》を抱えていることもわかりました。こうしたときにすべきなのは、どうすればできるようになるか一緒に考えてあげることです。実際にそのあとそういう風に話を進められていますね。

もし、本人の本音が聞き出せなかったらどうなっていたでしょうか。解き直しの大切さを言い聞かせて説得する？　本人はやらなきゃいけないことはすでにわかっているのですからムダですね。怒る？　それが原因でこうなっていたわけですから、追撃すればますますこじらせていた可能性が高いでしょう。子どもの行動を改善するためには、冷静に2階の脳を働かせながら、本人の話を引き出すことが大切だとおわかりいただけるでしょうか。

ここまで1on1トークの実例をいくつかお見せしました。実際にやってみると、問いを通じて話を掘り下げ、思考を深めるのはなかなか難しいということがわかりますね。ですから、私たち大人も一緒に成長していくつもりでやっていく必要があります。

終わったあとで自分のインタビューのよかったところ・悪かったところを考え、次回はどうするかを考えてみてください。振り返りの振り返りですね。練習のために、職場の同僚・部下を相手にやってみるのもおすすめですよ。あなたがインタビュアーとしてのスキルを磨くほど、子どもの成長は加速します。がんばってくださいね。

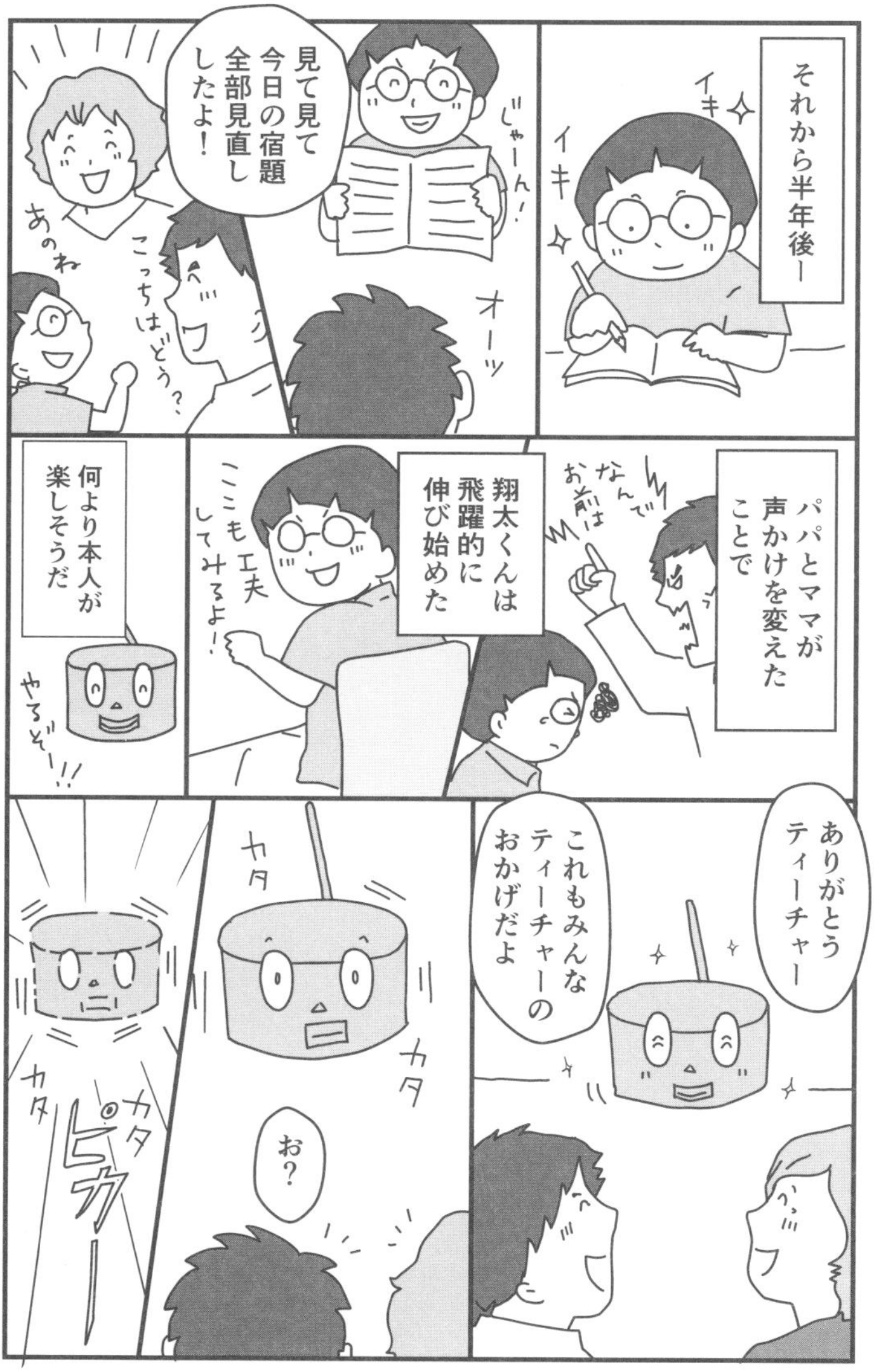

それから半年後ー
イキイキ
見て見て今日の宿題全部見直ししたよ！
じゃーん！
オーッ
こっちはどう？
あのね
パパとママが声かけを変えたことで
なんでお前は
翔太くんは飛躍的に伸び始めた
ここも工夫してみるよ！
何より本人が楽しそうだ
やるぞー!!
ありがとうティーチャー
これもみんなティーチャーのおかげだよ
カタ
カタ
お？
カタ
カタ
ピカー

そろそろ旅立ちの時がきました
ええ?!
どこに行くのティーチャー!
まぶしい!
じつは私はカリスマ講師の生まれ変わり…
たくさんの勉強に迷う親子を救うために、この姿に転生させられたのでしょう
そ、そうだったのか!
あなた方はよくがんばってコミュニケーション法を体得してくれました
ゴウン
ゴウン
私がいなくてももう大丈夫
私はさすらいのスマートスピーカー…
次の家族のもとに行きます
浮いた!?
まだまだ多くの家族が私を待っている…
ゴウン
ゴウン
さよならです
ティーチャー…
チカ
ありがとうティーチャー
これからも教えの数々を忘れないよ――

特別付録

# 叱り方の失敗あるある

ここではおまけとして、やってしまいがちだけど、やってはいけない叱り方を公開します。ただ、「ここにある叱り方をしてしまった…」という方も心配しないでください。我々も時々やらかします。知っておいて、意識して、少しでも回数を減らせればいいので、自分を責め過ぎず、気軽に構えてください。

## ①毎回片づけなさいって言ってるのに、なんでおもちゃが出しっぱなしなの？

これは、疑問文の形をしていますが、疑問ではありませんよね。伝えたいメッセージは、明らかに「おもちゃをしまえ！」ということです。

では、なぜ出しっぱなしなのでしょう。またすぐに使うから？　単純に面倒くさいから？　忘れていたから？　毎回、理由が違う可能性もあります。あるいは何か考えがあって片づけていないわけではなく、イライラしていて片づけできる心境じゃないのかもしれません。

こういった場合、次のように話す順序に気を遣ってみてください。

1．事実（である）の確認……「今、どういう状態（どうなっている）？」
2．理想（であるべき）の確認……「どうなっていれば良いと言えるかな？」
3．自分の行動の振り返り……「そうできなかったのはどうしてだろう？」
4．次への行動目標の設定……「次回はどうしたい？」

行動目標は、実行できたかどうか自己評価させましょうね。

## ②朝起きるのが辛くなるってわかってるのに、なんで早く寝ないの？

これも、本気で理由を聞いているわけではなさそうです。要するに「早く寝ろ！」ですね。子どもに、寝る時間の理由、寝なかった場合に起きる問題を考えさせていません。

1.「今、何時かな？」
2.「明日は何時に起きたい？」
3.「何時間くらい寝たい？」
4.「この1時間は何をしていた？」
5.「早く起きるとどんな良いことがある？」

順番は事実の確認から始め、理想状態を考え、最後に現実とのギャップに注目です。実際に早起きしたときに、子どもにメリットを感じさせたいですね。

## ③だから言ったでしょ！

……何を言ったのでしょうか。憤《いきどお》りが伝わってきますが、逆に言えば憤りしか伝わりません。

まず、「こういう結果になることはわかっていた？」で本人の認識を確認します。行動と結果の関係を本当に理解していない場合があります。「何をした／しなかったからこうなったと思う？」で質問を重ねて原因を探り、「同じ失敗を防ぐために次どうする？」「どうすればそれができる？」「何かサポートできることはある？」で本人の口から解決策を引き出したいですね。

甘い計画で失敗しそうでも、その失敗を生かして反省を繰り返すことが重要です。失敗を毎回反省し行動を改善する姿勢は、一緒に振り返る経験で身につきます。

## ④自分から中学受験したいと言い出したくせに、なんでちゃんと勉強しないの？

典型的な、回答を期待していない疑問文です。子どもが回答するには抽象的過ぎます（特に「ちゃんと」が政治家並みにあいまい）。モチベーション不足に対する非難になっていますが、非難では解決不可能です。子どもの立場がありません。逃げ道がないと、意固地《いこじ》になるか黙るしかありません。

「もし子どもも自身もやる気が続かなくて困っていたら…」が想定されていません。「今日、ここで、この時点で」やれない原因を一緒に考えましょう。初心が何だったか質問することで子どもの口から言わせ、思い出させることができるといいですね。子どもは（大人も）一時の快・不快で、昔の自分の決心や未来の目標を忘れてしまうものですよ。

## ⑤いい加減にしなさい！（ゲーム・マンガなどが止まらない場合）

「いい加減」があいまいです。怒る時のテンプレですが、なぜこのセリフを採用したかわかりますか？（これも回答を期待していない疑問文ですね）

本来の意図の「それ（ゲームなど）はやめたほうがいいと思う」から始めましょう。ただし、やめなければならない理由も説明します。ずっとゲームをしている姿を見ている親の不安は、まったく想像がついていないはずです。

子どもには、睡眠不足や課題をやらないことによる不快感・損失と、目の前のゲームの快楽を天秤にかけさせ、冷静に判断させましょう。その際、「このままずっとゲームをしていたらどうなると思う？」など将来予測を自分で立てさせてください。

## ⑥終わったの？（宿題をやらずに別のことをしている場合）

宿題が終わってないことを前提に、問い詰め口調で聞いていませんか？　子どもが「まだ終わっていない」と答えづらい言い方であれば、もはや疑問ではなく詰問《きつもん》・命令です。

「どれくらい進んだ？」と聞いたほうが、子どもは答えやすいものです。終わっている前提で、やわらかな語気で語りましょう。もし終わっていたら、「終わったんだね。すごい」と認めてあげます。終わったと伝えたのに、親が「そんなの当然」という反応では、子どもに「どうせやってもいいことがない」と思われてしまいますからね。

もし終わっていなければ、具体的な次の行動を聞き出します。「いつまでに終えて、次に何をやるのか」から始めましょう。できれば、タイマーをセットして手渡したいですね。

## ⑦いつまでゲームやってるの⁉

「21：30にやめます」などの返答を求めているわけではありませんよね。本来の意図は、「今すぐやめなさい」ということ。そして、子どももそれをわかっているでしょう。

子どもの立場に立ってみると、たしかにゲームを「今すぐ」やめるのは難しいです。そこで、文字通りに時間を聞いてみるのはどうでしょうか。「終わるのにちょうどいいタイミングは、あとどれくらいで来る？」などと時間予測を自ら立てさせ、そのタイミングに立ち会うのです。その後、予定通り終わらなかった原因の確認と、次回への対策の決定を促します。

## ⑧やることないの？（テレビを見ていて、やるべきことをやっていない場合）

「やること」だけではあいまいです（暗黙の了解だと思いますが）。また、テレビを見ながら聞いているなら、「うるさいな」と反応するだけで、冷静にその場で思考することにはならないでしょう。「何か言われたな」以上のことを覚えていない可能性もあります。

まずは、目の前のテレビについて話すのはどうでしょうか。「どれくらいの時間、テレビを見ているのか」「いつテレビを見終えるつもりか」から始め、「見終えたあとは何をしたいと思うか」へと問いを進めましょう。

## ⑨宿題終わったなら、もっと自主的に量を増やしてやらないの？

これは、「いかにも日本的な」という感想が最初に浮かびます（笑）。業務を効率化した会社員が、給与は同じままで、仕事量を増やされるとどうなるか？　おそらく、二度と効率化しようなどとは思わず、ダラダラと仕事をするようになるでしょう。

まずは、仕事が終わったことに対して報酬（ほめること）を出しましょう。もし仕事を増やす場合、同レベルの仕事より立場・責任を上げるほうがよいです。塾の宿題だと、「課題を自分で設定し、自分で評価する」ということになります。それを自力で回せたら、できた分だけほめましょう。ポジティブな成功をほめる回数を増やすのは、失敗を発見するたびに叱るより効果が大きいのです。

## ⑩なんで毎回宿題をやらないの？　受験やめれば？

非常に強いプレッシャーを感じる一言です。このセリフを乗り切ったことのある伸学会スタッフが、かつて「クラスみんなが受験の雰囲気」と「そんなミスをするなら受験やめろ」の板挟みで苦しんだという話を聞かせてくれました。「親が怖いから」という理由や、「クラスに合わせなくては」という圧力で勉強する。そんな学習環境が良いわけがありません。

宿題をやらないとき、子どもの中で何が起きているのでしょうか。純粋な好奇心の出番です。原因は、学校や塾の中など視野の外かもしれません。子どもにどういう理由で学習に向き合ってほしいか、考えておきましょう。

## ⑪ゲーム捨てるぞ、ご飯抜きだぞ、ただじゃおかないぞ…etc.

「最終手段」を乱発すると、その後の交渉余地がなくなってしまいます。北朝鮮に対して、「核実験をしたら必ず核ミサイルを撃つ」と言ったとします。北朝鮮がそれでも核実験をした場合、本当に撃ちますか？

伝えるのは、本当に取る覚悟のある手段だけ。そして、必ず「予告」をしましょう。脅《おど》しはあまり有効ではありませんし、見透かされる可能性もあります。一度した発言には責任を持たなくてはなりません。もし罰に関して明言する場合は、気まぐれ、機嫌で対処していると思われないために、一貫性を持って継続する必要があるのです。

# おわりに

わが子には幸せな人生を送ってほしい。この本を手に取ったあなたは、きっとそうお考えでしょう。最後にあらためて、子どもの幸せのために必要なものをお伝えしたいと思います。3章2節で、人が幸せを感じる条件として「自律性」「関係性」「有能感」の三つの要素が必要だとお話ししました。やりたいことがやれていて、家族・友人関係がうまくいっていて、自分が活躍できているという手応えを感じている――そんな状態であればお子さんは自分の人生を幸せだと感じるでしょう。これにはあなたも同意してくれると思います。

お子さんに、「自律性」「関係性」「有能感」を満たすことを学ばせましょう。教育とは子どもに幸せに生きる練習をさせることです。そう考えたとき、あなたのお子さんに必要なことは何でしょう？　イヤなことをただ我慢する練習をさせることではありません。自分でやるべきことを決めて、主体的に行動する練習をさせることです。それが「自律性」につながります。成績で勝った負けたという競争意識を育てることではありません。仲間に貢献しようという意識を育てることです。貢献することが「関係性」の構築につながり、その手応えが「有能感」につながります。

現代の日本ではほとんどの子どもがいずれかのタイミングで受験を経験します。受験の悩みは小学校受験から大学受験まで似たようなもので、合格の席の奪い合いという側面があるため、つい目先の成績やクラスのアップダウンに意識が向かってしまいます。しかし、本当に大切なのは成績や合格ではありません。受験という経験を通じて幸せになるための力や考え方を身につけることです。

「自律性」「関係性」「有能感」の三つが大切なのは、親にとっても同様です。

この子が勉強できないのは、私の育て方が悪かったからだ。そう言って泣いたお母さんがいらっしゃいました。「有能感」が傷ついていますね。

なんとかしようといつも怒ってばかりいたせいで、子どもはすっかり反抗的になってしまいました。こうしたお悩みもよく聞きます。私のYouTubeチャンネルにも、「お父さんが厳し過ぎて子どもたちが『お父さん、嫌い』と言います。子育てを間違えたかもしれません。お父さんを好きになってほしいです」というコメントがありました。「関係性」が傷ついていますね。

何のためにそこまで勉強させることに必死なのでしょうか。将来高い収入を得られるようにするために良い学歴を与えてあげなければ、そのために勉強ができるようにさせてあげなければ、そんな強迫観念からでしょう。自分だって好きで〝怖い親〟をやっているわけじゃない。むしろ子どもに厳しくしてしまったあとは、申し訳なく思って自己嫌悪に…。「自律性」が傷ついていますね。

こんな状態では幸せな子育てとはほど遠いでしょう。子どもとあなたがそろって幸せになる方法を選んでください。「自律性」を満たしましょう。自分の意見を押しつけず、対話を通じて子ども自身の考えを聞いてください。また、あなたも周囲の情報に振り回されないように気をつけましょう。あおられて不安や焦りから行動していないか？　自分が子どもにしてあげたいことは本当にこれか？　自分の心の声を聴いてみましょう。

「関係性」を満たしましょう。勉強を巡って親子ゲンカが絶えないような状況は、幸せへの道ではありません。今のやり方でうまくいかないのであれば、もっとうまくやれる別の方法に変えるチャンスです。親子二人三脚で一緒にがんばれるやり方があるはずです。

「有能感」を満たしましょう。有能感は他者比較から生み出してはいけません。上には上がいるので、いつか負けるときがやってきます。勝ち続けなければいけない道は不毛です。偏差値は相対評価の指標なので、他の子との比較に巻き込まれます。偏差値に一喜一憂せず、お子さんの成長を見つけて伝えてあげてください。できるようになっているという手応えで、「有能感」を感じさせましょう。またあなた自身も、自分を他の親と比べないでください。大切なことはお子さんの成長を引き出すことです。お子さんの成長に貢献した手応えから、「有能感」を感じましょう。

本書に書いた内容は、目先の成績アップのためだけのテクニックではありません。親子で幸せになるための方法を詰め込みました。もちろん、すべてが完璧にできる必要はありません。できることから取り入れて、楽しみながら親子の対話を実践してみてください。そして、お子さんの「学び、成長する力」を伸ばしてあげてもらえればと思います。

2021年4月

伸学会代表　菊池　洋匡

# 参考文献

## 論文


- Bargh, J.A., Chen, M., & Burrows, L. "Automaticity of social behavior: direct effects of trait construct and stereotype-activation on action"
- Huang, K., Yeomans, M., Brooks, A.W., M, Julia., & Gino, F. "It doesn't hurt to ask: Question-asking increases liking"
- Mueller, C.M., & Dweck, C.S. "Praise for intelligence can undermine children's motivation and performance"
- Shih, M, Pittinsky, T.L., & Ambady, N. "Stereotype Susceptibility: Identity Salience and Shifts in Quantitative Performance"
- Woolley, K., & Fishbach, A. "Immediate Rewards Predict Adherence to Long-Term Goals"


## 本


- アンダース・エリクソン、ロバート・プール（土方奈美 訳）『超一流になるのは才能か努力か？』（文藝春秋）
- ウォルター・ミシェル（柴田裕之 訳）『マシュマロ・テスト 成功する子・しない子』（早川書房）
- エドワード・L・デシ、リチャード・フラスト（桜井茂男 監訳）『人を伸ばす力 内発と自律のすすめ』（新曜社）
- ケリー・マクゴニガル（神崎朗子 訳）『スタンフォードの自分を変える教室』（大和書房）
- ダニエル・カーネマン（村井章子 訳）『ファスト&スロー あなたの意思はどのように決まるか 上・下』（早川書房）
- ダニエル・ゴールマン（土屋京子 訳）『EQ 心の知能指数』（講談社）
- ダニエル・J・シーゲル、ティナ・ペイン・ブライソン（桐谷知未 訳）『子どもの脳を伸ばす「しつけ」』（大和書房）

- ダニエル・J・シーゲル、ティナ・ペイン・ブライソン（桐谷知未 訳）『自己肯定感を高める子育て』（大和書房）
- ダン・アリエリー（熊谷淳子 訳）『予想どおりに不合理：行動経済学が明かす「あなたがそれを選ぶわけ」』（早川書房）
- トレーシー・カチロー（鹿田昌美 訳）『いまの科学で「絶対にいい！」と断言できる 最高の子育てベスト55』（ダイヤモンド社）
- ハイディ・グラント・ハルバーソン（児島修 訳）『やってのける』（大和書房）

- 安藤俊介『アンガーマネジメント 叱り方の教科書』（総合科学出版）
- 市川伸一『学力と学習支援の心理学』（放送大学教育振興会）
- 市川伸一『勉強法の科学 心理学から学習を探る』（岩波書店）
- 市川伸一『学ぶ意欲の心理学』（ＰＨＰ研究所）
- 鹿毛雅治『学習意欲の理論 動機づけの教育心理学』（金子書房）
- 久賀谷亮『世界のエリートがやっている最高の休息法』（ダイヤモンド社）
- 小室尚子『男の子をやる気にさせる勉強法』（祥伝社）
- 佐々木典士『ぼくたちは習慣で、できている。』（ワニブックス）
- 鈴木克明『研修設計マニュアル 人材育成のためのインストラクショナルデザイン』（北大路書房）
- 中原淳『フィードバック入門 耳の痛いことを伝えて部下と職場を立て直す技術』（ＰＨＰ研究所）
- 中室牧子『「学力」の経済学』（ディスカヴァー・トゥエンティワン）
- ハーバード・ビジネス・レビュー編集部 編訳『【新版】動機づける力―モチベーションの理論と実践』
- 藤田哲也 編著『絶対役立つ教育心理学 実践の理論、理論を実践』（ミネルヴァ書房）
- 船津徹『世界標準の子育て』（ダイヤモンド社）
- 柳沢幸雄『男の子を伸ばす母親が10歳までにしていること』（朝日新聞出版）

**菊池洋匡（きくち・ひろただ）**

中学受験伸学会代表。算数オリンピック銀メダリスト。開成中学・高校・慶應義塾大学法学部法律学科卒業。10年間の塾講師歴を経て、2014年に中学受験専門塾伸学会を自由が丘に開校し、現在は目黒校・中野校と合わせて３教室に加え、オンライン指導も展開。「自ら伸びる力を育てる」というコンセプトで「ホームルーム」という独自の授業を実施し、スケジューリングやPDCAといったセルフマネジメントの技術指導に加え、成長するマインドセットのあり方を育てるコーチングもしている。これらはすべて最新の教育心理学の裏づけがあり、エビデンスに基づいた授業に対して特に理系の父母からの支持が厚い。伸学会の指導理念と指導法はメルマガとYouTubeでも配信し、現在メルマガは約7,000人、YouTubeは約20,000人の登録者がいる。伸学会の生徒の９割以上は口コミによる友人紹介と、メルマガ、YouTubeを見ているファンの中から集まっている。主な著書に『「やる気」を科学的に分析してわかった小学生の子が勉強にハマる方法』『「記憶」を科学的に分析してわかった小学生の子の成績に最短で直結する勉強法』などがある。

- **伸学会ホームページ**
  https://www.singakukai.com/
- **伸学会 YouTubeチャンネル**
  https://www.youtube.com/channel/UCpmlx1eakUt4zHDLTzUF7eA

メルマガ登録はこちらのQRコードから →

YouTubeチャンネルはこちらのQRコードから →

「しつけ」を科学的に分析してわかった
**小学生の子の学力を「ほめる・叱る」で伸ばすコツ**

2021年4月20日　初版第１刷発行
2021年5月20日　初版第２刷発行

著　者　菊池洋匡
発行者　小山隆之
発行所　株式会社 実務教育出版
〒163-8671　東京都新宿区新宿1-1-12
電話　03-3355-1812（編集）　03-3355-1951（販売）
振替　00160-0-78270

印刷／壮光舎印刷株式会社　　製本／東京美術紙工協業組合


ISBN978-4-7889-0909-0　C0037